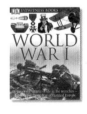

Guías Visuales

GRECIA ANTIGUA

Cubierta de bronce de un espejo, que muestra a Afrodita jugando taba con Pan; 350 a. C.

Vasija con monedas

Jarro con cabeza de grifo

Figurilla de bronce de un comensal

Afrodita quitándose la sandalia

Teseo y el Minotauro

Kylix

Carro de
bronce

Guías Visuales

GRECIA
ANTIGUA

Escrito por
ANNE PEARSON

DK Publishing, Inc.

Colador
de vino

Recipiente para aceite

Címbalos
de bronce

DK

LONDRES, NUEVA YORK, MÚNICH, MELBOURNE, Y DELHI

Título original de la obra: *Ancient Greece*
Copyright © 1992, © 2004 Dorling Kindersley Limited

Editora del proyecto: Gillian Denton
Directora de arte: Liz Sephton
Editora principal: Helen Parker
Directora principal de arte: Julia Harris
Producción: Louise Barratt
Investigación iconográfica: Diana Morris
Fotografía especial: Nick Nicolls
Fotografía adicional: Liz MacCaulay

Editora en EE. UU. Elizabeth Hester
Directora de arte Michelle Baxter
Diseño DTP Milos Orlovic, Jessica Lasher
Producción Ivor Parker
Asesor Producciones Smith Muñiz

Edición en español preparada por Alquimia Ediciones, S. A. de C. V
Río Balsas 127, 1.º piso, Col. Cuauhtémoc
C.P. 06500 México, D.F.

Primera edición estadounidense, 2005
05 06 07 08 09 10 9 8 7 6 5 4 3 2 1

Publicado en Estados Unidos por DK Publishing, Inc.
375 Hudson Street, New York, New York 10014

Copyright © 2005 DK Publishing, Inc.

Publicado en Gran Bretaña por Dorling Kindersley Limited.

A catalog record for this book is available from the Library of Congress.

ISBN 0-7566-1485-6 (Hardcover) 0-7566-1491-0 (Library Binding)

Reproducción a color por Colourscan, Singapur
Impreso y encuadernado por Toppan Printing Co. (Shenzhen) Ltd.

Descubre más en
www.dk.com

Figurilla de
terracota de
una joven con
sombrero

Bailarina de
terracota

Aretes
de grifos

Sonajero
en forma
de cerdo

Contenido

Juguete infantil

El mundo griego

GRECIA ESTÁ FORMADA por territorio
continental y numerosas islas esparcidas en los
mares Egeo y Adriático. Es un país montañoso
con veranos cálidos y secos y lluvia sólo
en invierno. Los primeros asentamientos
surgieron como pequeñas comunidades
independientes, separadas unas de
otras por las montañas y compitiendo
con frecuencia por la mejor tierra, porque
el suelo fértil cultivable es escaso. Cada una de las ciudades
estado que se desarrollaron de estas comunidades tenía una
fuerte identidad propia, y los ciudadanos eran muy
fieles a su terruño y a su dios protector. A veces,
varias ciudades estado se unían para su mutua
defensa, y así lo hicieron exitosamente frente a los
persas. Los griegos crearon una espléndida cultura,
que ha tenido un profundo efecto en la civilización
occidental a través de los siglos, reflejándose incluso
en la actualidad. Alcanzaron la cima en literatura,
artes visuales y dramáticas, en filosofía y política,
en deporte y en muchos otros aspectos de la vida
humana. La civilización griega tuvo su apogeo
en Atenas, en el siglo V a. C.

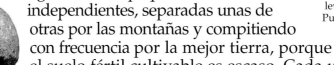

EL MUSEO BRITÁNICO
El Museo Británico, en Londres, se
inspira en la arquitectura clásica grieg
La primera parte del edificio se termi
en 1827, y la construcción actual se
levantó durante los siguientes 30 año
Pueden verse allí muchos de los objet
que aparecen en este libro.

KUROI
Las *kuroi* (estatuas de
mármol de jóvenes
desnudos) se hicieron
principalmente en el
siglo VI a. C. para decorar
los santuarios de los
dioses, especialmente
Apolo, pero algunas
pueden haberse
esculpido en
memoria de jóvenes
soldados muertos en
batalla. Están de pie,
con los brazos a los
costados y un pie
delante del otro.

**EL ANTIGUO
MUNDO GRIEGO**
El mapa muestra la
Grecia antigua y el área
circundante. Incluye los
pueblos establecidos por
los primeros emigrantes
del continente que
viajaron al Este y se
asentaron en la costa de
Asia Menor, llamada
Jonia. Los nombres de
las regiones están en
mayúsculas y los de las
ciudades, en minúsculas.

TRACIA
MACEDONIA
Troya
Pérgamo
MAR EGEO
LIDIA
Esmirna
Delfos
JONIA
Platea
Tebas
Eleusis
Efeso
Corinto
Atenas
Mileto
MAR
JÓNICO
Olimpia
Tirins
Micenas
CARIA
Dídimo
Halicarnaso
Theangela
Esparta
LICIA
Filakopi
Akrotiri
Camirus
N
Knosos
CRETA
Mallia
ESCALA
Zakro
Km
150
Faistos
Millas
100

ACRÓPOLIS
Atenas (págs. 16-17) fue la ciudad más importante de la Grecia antigua, y el principal centro de todas las formas del arte y el saber. Su Acrópolis estaba coronada por el Partenón, el templo dedicado a la diosa Atenea.

COPA CON CABEZA DE BURRO
La cerámica bellamente pintada era una especialidad de los griegos. Se usaba principalmente para guardar, mezclar, servir y beber vino. Ésta es una copa especial, con dos asas, con forma de cabeza de burro.

HIPOCAMPO
Este anillo de oro está decorado con un hipocampo, un caballito de mar con dos patas delanteras y cuerpo terminado en una cola de delfín o de pez.

GRECIA Y EL ANCHO MUNDO
Este cuadro muestra el ascenso y la caída del mundo griego, desde los tiempos minoicos (págs. 8-9) hasta fines del periodo helenístico. Estos sucesos históricos se pueden comparar con otras civilizaciones en Europa, Asia y América del Sur.

FECHAS a. C.	2000–1500	1500–1100	1100–800	800–480	480–323	323–30
SUCESOS EN GRECIA	Civilización del palacio cretense	Caída de Knosos Ascenso y caída de la civilización micénica	Fundación de Esparta Creación de los poemas homéricos	Fundación de las colonias jónicas y del Mar Negro Primeros Juegos Olímpicos	Invasiones persas Inicia la democracia en Atenas Esparta controla el Peloponeso Era de Pericles	Ascenso de Macedonia Caída de Esparta Vida de Alejandro Guerras de sus sucesores
PERIODO CULTURAL	Edad de Bronce	Edad de Bronce	Edad Oscura	Arcaico	Clásico	Helenístico
SUCESOS EN EL MUNDO	Civilizaciones en el valle del Indo, en India Imperio medio en Egipto	Nuevo imperio egipcio Imperio babilónico Civilización maya en América Central Dinastía Chang en China	Pueblos celtas llegan a Gran Bretaña Colonias fenicias en España Civilización olmeca en México	Surgen los etruscos en Italia Los kushitas invaden Egipto Fundación de Roma Imperio asirio	En China nace Confucio Los asirios conquistan el Bajo Egipto Imperio persa	Los toltecas se establecen en el centro de México Dinastía Ch'in en China Construcción de la Gran Muralla china

MARATONISTAS
El atletismo era uno de los pasatiempos favoritos en Grecia (págs. 44-45). Los juegos eran parte de festivales religiosos. Estos corredores están pintados en una olla que era el premio al ganador de la carrera en los Juegos Panateneos, que se celebraban en Atenas en honor de la diosa Atenea (págs. 16-17).

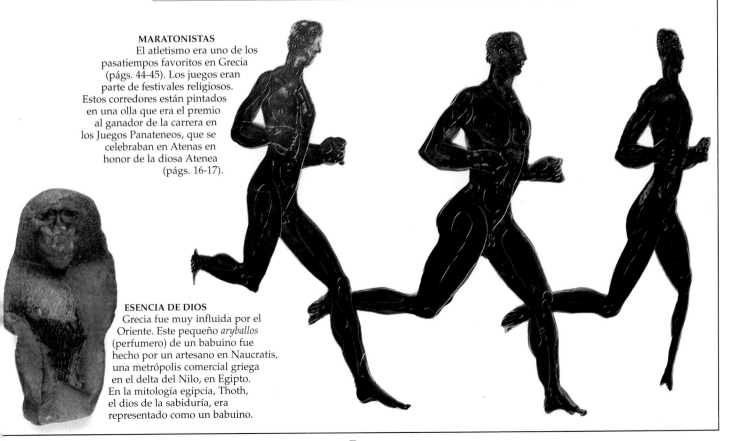

ESENCIA DE DIOS
Grecia fue muy influida por el Oriente. Este pequeño *aryballos* (perfumero) de un babuino fue hecho por un artesano en Naucratis, una metrópolis comercial griega en el delta del Nilo, en Egipto. En la mitología egipcia, Thoth, el dios de la sabiduría, era representado como un babuino.

Cultura minoica

DECORACIÓN CON DELFINES
Los palacios minoicos se decoraban con escenas, conocidas como frescos, que se hacen aplicando pintura sobre yeso húmedo. Muchos frescos que vemos ahora son recreaciones de fragmentos que han perdurado. Este famoso fresco con delfines es de los aposentos de la reina, en Knosos.

LA PRIMERA GRAN CIVILIZACIÓN del mundo Egeo prosperó en la isla de Creta. Los primeros habitantes se establecieron alrededor del año 6000 a. C., pero la isla alcanzó la cumbre de su poderío entre 2200 a. C. y 1450 a. C. Su prosperidad se debió a un floreciente comercio con otros pueblos de la Edad de Bronce en Grecia y el Mediterráneo, y en Egipto y Siria. La prosperidad también derivó del rico suelo cretense que producía aceite, granos y vino en abundancia. La economía se asentó en torno a los ricos palacios, cuyos restos se han encontrado en diferentes zonas de la isla. Esta pacífica civilización se conoce como minoica, en honor a un legendario rey de Creta llamado Minos. Knosos y otros palacios fueron destruidos por el fuego alrede-dor de 1700 a. C., aunque se reconstruyeron más lujosos aún. A partir de entonces hasta cerca de 1500 a. C. fue su apogeo.

DEVOTO
Escultura de bronce en actitud de oración.

CRETA
El mapa muestra los principales pueblos y palacios en la isla, en Knosos, Zakro, Faistos y Mallia. En Hagia Triada se halló una gran villa. La mayoría de los asentamientos se construyeron cerca del mar. Los restos de las espléndidas construcciones son prueba de la maestría de los arquitectos, ingenieros y artistas minoicos. No todos habitaban en palacios. Algunos vivían en pequeñas casas en los pueblos o en granjas en el campo. Se dice que el joven Zeus fue criado en la Cueva de Dicte, en el altiplano de Lassithi.

TOMAR EL TORO POR LOS CUERNOS
El toro era considerado por los minoicos como un animal sagrado. Un mito griego cuenta la historia del dios Zeus que se enamoró de una hermosa princesa llamada Europa. Zeus se transformó en un toro blanco y nadó hacia Creta con ella en su lomo. Tuvieron tres hijos, uno de los cuales fue Minos quien llegó a ser rey de Creta. Los deportes con toros bravíos eran una manera de venerarlos. En esta figura de bron-ce se ve a un niño brincando entre los cuernos de un toro.

MURAL TAURINO
Este mural en Knosos muestra a un acróbata brincando un toro.

DESCUBRIMIENTO DE KNOSOS
El arqueólogo inglés sir Arthur Evans (1851-1941) descubrió el más grande y más famoso de los palacios minoicos, en Knosos, en 1894. Excavó allí durante varios años y los restos de la construcción, con sus cientos de habi-taciones, maravilla-ron al mundo.

TESEO Y EL MINOTAURO
Según la leyenda griega, un joven príncipe de Atenas, llamado Teseo, fue a Creta y mató al monstruo, mitad hombre y mitad toro, a quien cada año le eran ofrendados niños atenienses. El monstruo, el Minotauro, se ocultaba en un lugar llamado Laberinto. Es posible que el enorme palacio de Knosos haya parecido un laberinto debido a sus muy largos y sinuosos corredores.

MINOTAURO MODERNO
La historia del conflicto entre Teseo y el Minotauro se popularizó no sólo entre los pintores de vasijas griegas, sino también entre muchos artistas modernos. Esta interpretación del artista español Pablo Picasso (1881-1973) es casi tan difícil de desentrañar como el laberinto.

RESTAURACIÓN Y RECONSTRUCCIÓN
El palacio de Knosos se construyó y reconstruyó varias veces. Estaba hecho de piedra con techos de madera. Algunas áreas tenían cuatro pisos. Había apartamentos reales, incluyendo una habitación del trono donde el soberano solía sentarse en todo su esplendor. Sir Arthur Evans restauró algo del palacio, de manera que es posible darse una idea de cómo era originalmente. Las columnas de madera están pintadas con el mismo tono de rojo que el original.

La civilización micénica

EN LA EDAD DE BRONCE (antes de que se usaran herramientas y armas de hierro), Grecia tuvo varios centros importantes, incluyendo Micenas, la ciudad del legendario rey Agamenón, que fue una de varias ciudadelas fortificadas. El rey, o jefe, vivía en un palacio con muchas habitaciones, el cual servía como cuartel general y centro de administración de los campos vecinos. Los micénicos eran guerreros, y en sus tumbas se han encontrado armas y armaduras. También eran grandes comerciantes y navegantes. Su civilización alcanzó el máximo poderío alrededor de 1600 a. C. y eclipsó a la civilización minoica de Creta. Todo parecía seguro y próspero, pero, aproximadamente en 1250 a. C., los micénicos construyeron enormes muros de defensa en torno a los principales pueblos. El mundo micénico estaba bajo la amenaza de invasores extranjeros. Alrededor de 1200 a. C., las ciudades empezaron a ser abandonadas o destruidas. En 100 años, las ciudadelas micénicas cayeron y comenzó la Edad Oscura.

PENDIENTE EN FORMA DE GRANADA
Este pequeño pendiente de oro con form de granada se halló en Chipre. Fue hech por un artesano micénico alrededor de 1300 a. C., y es un buen ejemplo de una técnica de joyería llamada granulación. Diminutos granos de oro en triángulos decoran su superficie. Muchos artistas y comerciantes micénicos se establecieron en Chipre. Más tarde, la isla sirvió de refugio para muchos griegos que huían de los disturbios en su tierra, cuando la civilización micénica se derrumbó.

REGADERA DE TORO
Esta cabeza de toro hecha de arcilla servía como una regadera ritual en las ceremonias religiosas. Tiene pequeños orificios en la boca para dejar que salga el agua. Si bien es-tas regaderas a veces tienen la forma de otros anima-les, abundan los toros

VASIJA CON PULPO
Esta vasija de cerámica con una pintura de un pulpo se encontró en un cementerio en una colonia micénica, en la isla de Rodas. Los artistas micénicos fueron muy influidos por el arte minoico y temas como éste, inspirado en el mar, seguían siendo populares.

10

CÍRCULO DE TUMBAS
En 1876, Heinrich Schliemann (págs. 12-13) excavó el terreno de un entierro real, en Micenas. Estaba compuesto de numerosas tumbas rodeadas por un muro circular bajo. En las tumbas se halló una gran cantidad de joyas de oro, que pueden ser fechadas alrededor de 1600 a. C. Su descubrimiento confirmó las palabras de Homero quien describió Micenas como "rica en oro".

EL TESORO DE ATREO
El tesoro de Atreo fue el mejor ejemplo de las tumbas en forma de colmena que se construyeron en Micenas alrededor 1500 a. C. La entrada es idéntica a la Puerta del León a mano izquierda.

LA PUERTA DEL LEÓN
Micenas fue la más poderosa de las ciudades micénicas y dio su nombre a la civilización. Está en una colina en el noreste del Peloponeso. Los muros de la ciudad, construida alrededor de 1250 a. C., se edificaron con enormes bloques de piedra. La entrada principal era una monumental puerta en las murallas, lo suficientemente ancha para que pasaran las carretas. Estaba decorada con las esculturas de dos leones, uno a cada lado de una columna, tal vez símbolo de la familia real micénica.

COPA CON JIBIA
Los artistas micénicos, incluidos los alfareros, a veces trabajaban para el rey y tenían su taller cerca del palacio. La forma de esta elegante copa, con su largo pie, fue ideada por ellos. Está decorada con una estilizada jibia.

MÁSCARA DE AGAMENÓN
Cinco de los personajes de la realeza enterrados en las tumbas de Micenas lucían máscaras funerarias de oro martillado. Cuando Schliemann quitó una de las máscaras, por un momento pudo ver debajo la cara disecada del difunto. Según Schliemann, la máscara que se ve aquí pertenecía a Agamenón, el legendario rey de Micenas en tiempos de la guerra de Troya, pero se equivocó, ya que parece pertenecer a una época anterior, aunque el nombre se mantuvo.

MUJERES PÁJARO
En los sitios micénicos se encontraron miles de pequeñas figuras de terracota con formas femeninas. Tienen la nariz como pico y grandes pechos; tal vez representan a una diosa de la fertilidad. Lucen tocados y largas faldas, y levantan los brazos en señal de adoración.

A Troya y de regreso

En EL SIGLO XII A. C., los ricos pueblos y palacios micénicos decayeron o fueron destruidos, el comercio con Oriente disminuyó y Grecia entró en una Edad Oscura. En los siglos siguientes, las historias de la gran civilización micénica pasaron de generación en generación en forma de poemas. Dos de ellos, *La Ilíada* y *La Odisea*, se han conservado, alcanzando su forma más depurada en el siglo VIII a. C., con el poeta Homero, cuya poesía fue admirada en todo el mundo griego. *La Ilíada* describe cómo una ciudad llamada Troya, en la costa oeste de la actual Turquía, fue sitiada por un ejército griego al mando del rey Agamenón de Micenas. Narra heroicas hazañas de griegos y troyanos, como Aquiles y Héctor. *La Odisea* cuenta la historia del regreso a casa, luego de la guerra de Troya, del héroe griego Ulises, que tardó 10 años y vivió muchas aventuras peligrosas. Los poemas homéricos reflejan incidentes reales de guerras de una época anterior. Quizá la guerra entre griegos y troyanos haya sido por la posesión de tierras en una época en que el mundo micénico estaba desmembrado, y no por el rescate de Helena (ar.).

HEINRICH SCHLIEMANN
En 1870, el arqueólogo alemán Heinrich Schliemann (1822–1890) descubrió el sitio de la antigua Troya cerca de la costa del Mediterráneo, en la actual Turquía, tras buscarlo muchos años. Sus excavaciones revelaron no sólo una ciudad, sino más de nueve, construidas una encima de la otra. (No es claro cuál capa es la ciudad descrita en *La Ilíada*). Su esposa luce algunas de las joyas halladas en Troya.

HELENA DE TROYA
Helena era la bella esposa de Menelao, rey de Esparta y hermano de Agamenón, rey de Micenas. Según la leyenda, la captura de Helena por parte de Paris, hijo de Príamo, rey de Troya, fue la causa de la guerra de Troya. Los griegos se unieron para vencer a los troyanos y devolver a Helena a su marido.

VENCIDOS POR LA CURIOSIDAD
Troya resistió el asedio griego 10 años. Al final, los griegos triunfaron gracias a un truco. Construyeron un enorme caballo de madera que dejaron afuera de la ciudad. Los troyanos vieron partir al ejército griego, y vencidos por la curiosidad, metieron el caballo a la ciudad. Por la noche, soldados griegos, escondidos dentro del caballo, salieron furtivamente y abrieron las puertas de la ciudad. El ejército griego, que regresó silenciosamente, destruyó la ciudad. Esta imagen del caballo proviene de un tiesto de alrededor de 650-600 a. C.

MODELO MODERNO
En la Troya actual, hay una moderna réplica del caballo de Troya. Es muy grande y, al igual que el original, es de madera. Los niños pueden trepar por una escalera en la panza y creerse soldados griegos.

EL CABALLO DE MADERA
A través de los siglos, la historia de Troya y el caballo de madera ha sido una de las favoritas de los artistas. El italiano Giovanni Tiepolo (1696–1770) pintó más de una versión del tema.

LA PACIENTE PENÉLOPE

Luego de su viaje de 10 años, Ulises regresó por fin a
Ítaca, su isla natal, y a su esposa Penélope. Durante
su larga ausencia, ella lo esperó pacientemente,
incluso aunque todos los demás lo daban por
muerto. Cuando otros hombres le proponían
matrimonio a Penélope, ella les respondía que les
daría una respuesta cuando hubiese terminado
de tejer una pieza de tela especial. Por la noche,
Penélope se deslizaba secretamente hasta su telar,
deshacía todo lo que había tejido durante el día.
De esta manera, posponía indefinidamente la
respuesta a sus pretendientes. En esta pintura del
artista inglés John Stanhope (1829–1908), Penélope
está sentada melancólicamente junto a su telar.

LA CEGUERA DE POLIFEMO

En una de las aventuras
durante su regreso
a casa, luego de la
guerra de Troya, Ulises
encuentra a un cíclope
llamado Polifemo, un
gigante devorador de
hombres, con un solo ojo en
medio de la frente. Ulises y
sus hombres fueron atrapados
en la cueva de Polifemo, quien
empezó a comérselos uno por
uno. El astuto Ulises dio
al gigante un odre lleno de
vino, con el cual éste se
quedó dormido.
Entonces Ulises lo cegó,
enterrándole una estaca al
rojo vivo en el ojo.

UN ESCAPE LANUDO

Por la noche, Polifemo guardaba
un rebaño de ovejas en la cueva
y éstas proveyeron un medio de
escape. Ulises y sus hombres se
amarraron por debajo de las
ovejas. En la mañana, el rebaño
salía de la cueva para pastar.
El gigante ciego palpaba el lomo
de las ovejas por si sus prisioneros
se escondían ahí, pero nunca pensó
en tocar la panza de los animales. Esta
historia fue plasmada en un jarrón
de-corado con figuras negras.

*Pintura azul
que indica
el mar*

Yelmo

MADRE AL RESCATE

La madre de Aquiles era una ninfa
marina llamada Tetis. Esta pequeña
figura de terracota muestra a Tetis, o
una de sus hermanas, surcando las olas
sobre un caballo de mar, y llevando un
nue-vo yelmo para Aquiles, para
que lo usara en las batallas.
Aún se ven algunos de
los trazos azules que
representan el mar.

LA MUERTE DE UN HÉROE

Luego de que el campeón griego,
Aquiles, mató al más valiente guerrero
troyano, Héctor, amarró su cuerpo a un
carro y lo arrastró tres veces alrededor de
los muros de Troya. En esta lámpara de barro, se
ve a Aquiles manejando el carro y mirando hacia
atrás, triunfante. Sobre él, en las murallas de
Troya, los padres de Héctor, el rey Príamo y la
reina Hécuba, observan con horror.

La expansión griega

GRECIA COMENZÓ A SALIR de la Edad Oscura en el siglo VIII a. C. Establecieron factorías por todas partes, incluso tan lejos como en el delta del Nilo. Como la población crecía y la agricultura griega no bastaba para satisfacer las necesidades de la gente, algunos pueblos fundaron colonias tanto en el este como en el oeste. Se establecieron en el sur de Italia, en Sicilia y en otros lugares del Mediterráneo occidental, y en el este, en las costas del Mar Negro. Algunas de esas colonias eran muy ricas. Se decía que la gente de Sybaris, en el sur de Italia, dormía en camas de pétalos de rosa, y en el pueblo se prohibieron los gallos, para que los habitantes no despertaran muy temprano. La cultura griega recibió influencias de estilos extranjeros. El estilo geométrico, que como su nombre lo indica estaba dominado por diseños geométricos, dio lugar a uno nuevo, llamado estilo orientalista. Se introdujeron diseños influidos por Oriente, como grifos y esfinges. Egipto y Siria fueron las principales fuentes. Corinto, Rodas y Éfeso estaban bien ubicadas para el comercio con Oriente y se enriquecieron.

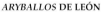

GRIFOS DE ORO
Estas cabezas de grifos de oro, inspiradas por el Oriente, se hallaron en la isla de Rodas. Fueron hechas en el siglo VII a. C. y alguna vez fueron parte de un par de aretes.

TAMAÑO MASCULINO
A los griegos les gustaba lucir brazaletes decorados con cabezas de animales. Éste, con cabezas de león, tal vez fue usado por un hombre.

UN ADIÓS AFECTUOSO
Éste es un detalle de un gran tiesto decorado en estilo geométrico. Las figuras son más bien rígidas y pintadas como siluetas. El hombre la derecha está subiendo a un bote despidiéndose de la mujer. Tal vez s trate del héroe Ulises diciendo adió a su mujer, Penélope, antes de parti a la guerra de Troya (págs. 12–13), o quizá es Paris raptando a Helena.

RANA DE MAYÓLICA
En esa época de la historia griega había mucho interés por el arte egipcio, y el artesano que hizo esto tal vez copió un trabajo egipcio. Muestra a un hombre arrodillado y sosteniendo un jarrón sobre el cual hay una rana, criatura sagrada para la religión egipcia. La pieza está hecha de mayólica, material verdoso usado a menudo en ornamentos egipcios.

ARYBALLOS DE LEÓN
Este *aryballos* (perfumero), tal vez proveniente de Tebas, tiene una boca con forma de cabeza de león. A pesar de su pequeño tamaño, tiene tres franjas con figuras pintadas. Se ven unos guerreros caminando en procesión y también una carrera de caballos. En la parte inferior hay una escena diminuta de unos perros persiguiendo unas liebres. La boca de este perfumero puede haber sido sellada con cera para evitar la evaporación del perfume que contenía.

EXPORTACIONES EXÓTICAS
Muchos perfumeros pequeños se hacían en el pueblo de Corinto y se exportaban a todo el mundo griego. A menudo tenían formas raras y estaban bellamente decorados. Éste tiene pintada una figura alada que puede representar a un dios del viento.

1	Ampurias	16	Melos
2	Massalia	17	Thera
3	Kymai	18	Paros
4	Pithe-	19	Gortyn
	koussai	20	Knosos
5	Paestum	21	Lindos
6	Satyricon	22	Ialysos
7	Kroton	23	Kos
8	Siracusa	24	Hali-
9	Gela		carnaso
10	Cartago	25	Mileto
11	Esparta	26	Myous
12	Argos	27	Éfeso
13	Micenas	28	Priene
14	Corinto	30	Bizancio
15	Atenas	31	Salamina

COLONIZACIÓN GRIEGA

Las nuevas colonias se establecieron en lugares con buenos
puertos y tierras cultivables. El proceso de colonización empezó
hacia el 1000 a. C. y continuó hasta casi 650 a. C. Estas colonias
pronto se independizaron de sus ciudades madre en Grecia.

PERFUME ESPINOSO

Este *aryballos*, con forma de puerco espín,
fue hallado en una colonia griega, en
Naucratis, en el delta del Nilo.

ACICALADAS

Estos cuatro caballos de arcilla
forman el asa de una tapa de
una vasija en la cual las mujeres
guardaban sus cosméticos y sus
peines. Comparados con los
caballos tan bien formados del
arte griego posterior, parecen
un poco toscos, pero tienen casi
la vivacidad de los elaborados
en bronce de ese periodo.

Atenas, ciudad de Atenea

LA ACRÓPOLIS
En un principio, la Acrópolis (ciudad alta) de Atenas era una ciudadela fortificada. Más tarde se convirtió en el lugar más sagrado del pueblo, donde se ubicaron varios templos y santuarios importantes.

ESTATUA SAGRADA
El propósito de la procesión que se ve en el friso era llevar una nueva vestimenta para una estatua de madera de Atenea, que se erigía en la Acrópolis. El vestido, un *peplos* tejido (págs. 42-43), es entregado a un sacerdote.

Atenas era las más poderosa de las ciudades estado griegas. También fue un gran centro de las artes y el conocimiento. Atenea, su patrona, era la diosa de la sabiduría y la guerra, y simbolizaba a la perfección los dos aspectos de la vida de la ciudad. En 480 a. C., Atenas fue atacada por los persas y los templos en la Acrópolis fueron destruidos. Más tarde, cuando Atenas jugó un importante papel en las guerras pérsicas (págs. 54-55) y defendió Grecia con éxito, el jefe de Atenas, Pericles (págs. 18-19), inició un enorme programa de reconstrucción. La ciudad fue ubicada en un área llamada Ática y estaba más densamente poblada que otras ciudades griegas. Los atenienses vivían en los terrenos abajo de la Acrópolis. Alrededor del ágora, un espacio abierto para reuniones y actividades comerciales, se han encontrado varias plazas públicas y edificios con columnas. Cerca estaba el puerto de Atenas, el Pireo. El acceso al mar fue la principal razón para la militarización y los éxitos económicos.

EL *ERECTEION*
Templo más pequeño que el Partenón, el *Erecteion*, llamado así en honor de un rey de Atenas legendario, quizá albergó la estatua de madera de Atenea. Su techo está sostenido por unas estatuas de mármol femeninas (las cariátides).

EL FRISO DEL PARTENÓN
El friso de mármol del Partenón rodeaba los cuatro costados del templo y fue montado en lo alto, en el exterior del edificio principal, cerca del techo de la columnata.

Su tema principal era la procesión de adoradores que concluían ahí su camino desde el ágora a la Acrópolis, cada cuatro años, como parte del festival llamado la Gran Panatenea, en honor de la diosa Atenea. Jóvenes a caballo ocupan gran parte del friso.

EL PARTENÓN

El templo del Partenón ocupa el punto más alto de la Acrópolis. Estaba dedicado a Atenea. El término "Partenón" viene de la palabra griega *parthenos,* que significa "virgen". A veces, Atenea era descrita como Atenea Parthenos. El Partenón, que aún se mantiene en pie, fue construido entre 447 y 432 a. C. Las esculturas que lo decoran fueron hechas por Fidias.

DIOSA DE ORO

Dentro del Partenón se erige una enorme estatua de oro y marfil de la diosa Atenea, hecha por el famoso escultor Fidias, un amigo cercano de Pericles. Aparece en todo su esplendor como diosa de la guerra. En esta réplica basada en una copia más pequeña de la estatua original y en descripciones de escritores griegos, Atenea luce su *aegis,* un pequeño manto de piel de cabra adornado con serpientes, y un yelmo puntiagudo. En su mano derecha tiene un figurilla de Nike, la diosa de la victoria.

Una moneda ateniense con un búho, el ave de Atenea

LOS MÁRMOLES DE ELGIN

Muchas de la esculturas del Partenón fueron llevadas a Inglaterra por lord Elgin, embajador británico ante la corte otomana. Él vio las esculturas cuando visitó Atenas y obtuvo el permiso para llevarse algunas a Inglaterra. Actual-mente pueden admirarse en el Museo Británico.

Sala temporal de Elgin en el Museo Británico, pintado por A. Archer

Algunos trotan con ligereza y otros galopan con su capas volando detrás de ellos. El fondo del friso originalmente estaba pintado, es probable que de azul brillante. Los caballos solían tener bridas de bronce.

Las bridas no se conservaron, quedando sólo rastros de los orificios donde eran amarradas al mármol. En el lado sur del friso se pueden ver algunas vacas. En otros lugares hay mujeres llevando vasijas, tazones y cántaros de sacrificio.

Poder y política en Atenas

SOLÓN

Solón fue un aristócrata y legislador que vivió en Atenas entre 640 y 558 a. C. En esa época, muchos campesinos eran muy pobres y eran vendidos como esclavos cuando no podían pagar sus deudas. Solón aprobó nuevas leyes que abolían esas medidas e introdujo el derecho de apelación en la ley griega.

LA ANTIGUA GRECIA ESTABA COMPUESTA por varias ciudades estado independientes. Allí había muy poca gente rica y un gran número de pobres. Al principio, los ricos terratenientes y líderes crueles, llamados tiranos, controlaban a los pobres. En Atenas y algunas otras ciudades estado los tiranos fueron expulsados por el pueblo, que adquirió poder y libertad. Esta nueva forma de gobierno fue llamada democracia y se inventó en Atenas. La Asamblea era el principal foro de la vida política. Las reuniones tenían lugar en una colina llamada Pnyx, cerca de la Acrópolis. Cualquier ciudadano, rico o pobre, podía tomar la palabra y votar en la Asamblea. Cuando había una reunión, asistían no menos de 6,000 personas. La Asamblea tomaba importantes decisiones, por ejemplo, si declarar la guerra o no. El gobierno supremo era un Consejo de 500 miembros, los cuales ordenaban los asuntos para la Asamblea. Se reunían en un edificio redondo llamado *tholos.* En tiempo de guerra, las decisiones de defensa de la ciudad las tomaba un grupo de 10 comandantes militares llamados *strategoi*, elegidos cada año y que podían ser reelectos varias veces.

PERICLES

Pericles fue un general y estadista ateniense. Poderoso orador, fue elegido *strategos* cada año desde 443 a 429 a. C. Bajo su gobierno, Atenas prosperó y él fue el responsable de la reconstrucción de la Acrópolis luego de su destrucción durante las guerras pérsicas (490 a 480 a. C.). En esta copia romana de un busto griego de Pericles, su nombre aparece escrito en griego.

NIÑO CON BOTA

Esta figura de bronce es de un niño africano sosteniendo una bota. La sociedad griega dependía de los esclavos. Algunos eran prisioneros de guerra y otros eran comprados a mercaderes. Casi todo el trabajo doméstico en los hogares adinerados lo hacían los esclavos. Otras labores pesadas, como trabajar en las minas de plata en el sur de Grecia, también las realizaban esclavos. Algunos afortunados recibían un salario y compraban su libertad. Otros, como los tutores que enseñaban a los hijos de familias ricas, tal vez eran tratados con respeto, pero la mayoría de los esclavos llevaba una vida fatigosa.

EL PALACIO DE WESTMINSTER

Muchos gobiernos modernos han sido fuertemente influidos por el sistema democrático, el cual se desarrolló en Atenas en el siglo v a. C. La palabra "democracia" es de origen griego y significa "poder del pueblo". Sin embargo, no era una democracia tal como se conoce hoy, porque una buena parte de la sociedad griega, incluyendo mujeres, extranjeros y esclavos, no tenía voto.

EL TESORO DEL TRIUNFO

La batalla de Maratón fue una famosa victoria de los griegos sobre los persas, en 490 a. C. Después, los atenienses levantaron este magnífico edificio de mármol en Delfos, como símbolo del triunfo. Era una tesorería, llena del botín persa, expresión del prestigio de Atenas, y también ofrenda religiosa a Apolo en su santuario más sagrado. Se erige en una posición prominente junto a la Vía Sacra que termina en el templo. Es una clara muestra de los estrechos vínculos entre la religión y la política en el antiguo mundo griego.

EL EXILIO DE TEMÍSTOCLES

Esta moneda muestra a un estadista ateniense, Temístocles, cuyo principal logro fue crear la flota que permitió a los griegos aniquilar a los persas en la batalla de Salamina, en 480 a. C. (págs. 54-55). Más tarde, fue condenado al ostracismo (desterrado de Atenas). Cuando los ciudadanos querían desterrar a un político, escribían su nombre en una pieza de barro, un *ostrakon*, y éstas se contaban. Si sumaban más de 6,000 votos, debía dejar Atenas por 10 años.

PALABRAS EN BRONCE

Esta placa de bronce tiene inscrito un tratado entre el pueblo de Elis y los ciudadanos de Heraea, en Arcadia, en el sur de Grecia. En este pacto, de 100 años, ambas partes se comprometían a apoyarse mutuamente, en particular durante la guerra. Si alguna faltaba al tratado, había una penalización de un talento de plata.

TABLILLA DEL JUICIO

Esta tablilla contiene un tratado entre las ciudades de Oeantheia y Chaleion. Las dos partes convenían que habría un proceso legal para resolver las querellas sobre posesión de tierras, y se imponían penalizaciones si cualquiera de las partes rompía el acuerdo.

Dioses, diosas y héroes

Los griegos creían que todos los dioses descendían de Gea (la tierra) y Urano (el cielo). Pensaban que, probablemente, los dioses eran muy parecidos a los humanos: se enamoraban entre ellos, se casaban, reñían, tenían hijos, tocaban música, y en muchos otros sentidos reflejaban las características humanas (o los humanos reflejaban las suyas). Todos los dioses tenían su propio ámbito de influencia. Deméter y Perséfone eran responsables de que crecieran los granos, Artemisa era la diosa de la caza, Apolo podía predecir el futuro, y Afrodita era la diosa del amor.

La mayoría de los dioses más conocidos tenían templos y santuarios dedicados a ellos, en los cuales se derrochaba mucho dinero y talento artístico. La religión ocupaba buena parte de la vida de la gente común. De hecho, la mayoría de las bellas construcciones que aún perduran son templos. Los adoradores creían que los dioses los tratarían bien y satisfarían sus necesidades si les ofrecían los frutos de las cosechas y sacrificios de animales.

DIONISO DE DELOS
Dioniso era el dios del vino y de la fertilidad de la tierra. En este mosaico de la isla de Delos, está montando un tigre.

EL REY DE LOS DIOSES
Zeus era el rey de los dioses. Por lo general, era representado como un hombre de mediana edad, fuerte y barbudo, de gran vigor y dignidad. A veces lleva su símbolo, un rayo.

EL HOGAR DE LOS DIOSES
El monte Olimpo es la montaña más alta de Grecia y se creía que era el hogar de los dioses. Está en el norte de Grecia, en los límites de Tesalia y Macedonia.

LA DIOSA DEL AMO
Esta cabeza de bronce de Afrodita proviene de Turquía Oriental. L diosa nació de la espuma del mar se creía que había sido llevada Chipre por los Céfiros (los viento del Oeste). Aunque estaba casad con Hefesto, se enamoró de Ares, dios de la guerr

LA BELLA Y LA BESTIA
En este marco de espejo, Afrodita está jugando taba (págs. 34-35) con el dios Pan. La diosa del amor y la belleza es representada con frecuencia por los artistas como una joven y agraciada mujer con el torso desnudo. Está acompañada por Eros (su hijo, según algunos mitos), mostrado aquí como un pequeño niño alado, además de un ganso, un símbolo asociado a ella. Pan era un dios del campo y tenía patas y orejas de cabra.

HIJA DEL CEREBRO

El extraño nacimiento de Atenea fue un tema favorito de los pintores griegos. Era hija de Zeus y la diosa Metis, que significa "sabiduría". Zeus había dicho que ningún hijo nacido de Metis podía ser más poderoso que su padre, así que, queriendo prevenir esto, se tragó a Metis. Cuando llegó el momento del nacimiento, el dios Hefesto cercenó la cabeza de Zeus y de ella surgió Atenea.

Apolo y Dafne, obra del artista italiano Antonio del Pollaiuolo (1432–1498)

APOLO Y DAFNE

Dafne era una ninfa amada por Apolo. Según un mito, él trató de apresarla, pero ella escapó. En respuesta a su plegaria, Zeus la convirtió en un laurel, irónicamente, el árbol sagrado de Apolo.

HEFESTO

El dios cojo Hefesto, quien era herrero, hizo un hacha especial para cercenar la cabeza de Zeus. También hizo un trono y un escudo para el rey de los dioses. Hefesto era el rey del fuego y el esposo de Afrodita.

APOLO

Apolo, una bella y joven deidad, era hermano gemelo de Artemisa, la diosa de la caza. Tenía un famoso santuario y un oráculo en Delfos. Se le asociaba con el Sol y la luz, y con la curación y la medicina.

ATENEA

Atenea era la diosa patrona de la ciudad de Atenas. También fue la diosa de la sabiduría y la guerra, y protegía las artes, la literatura y la filosofía. Su ave preferida era el búho y su planta favorita era el olivo, cuya introducción en Atenas se le adjudicaba a ella. En la guerra de Troya (págs. 12-13), Atenea peleó al lado de los griegos, y cuidó a Ulises en su largo viaje a casa.

DEMÉTER Y PERSÉFONE

Deméter y Perséfone eran madre e hija y diosas de los granos. En esta figura de terracota aparecen sentadas, una al lado de la otra, luciendo unos tocados. Quizá sostenían las riendas de una carreta, las cuales no se conservaron.

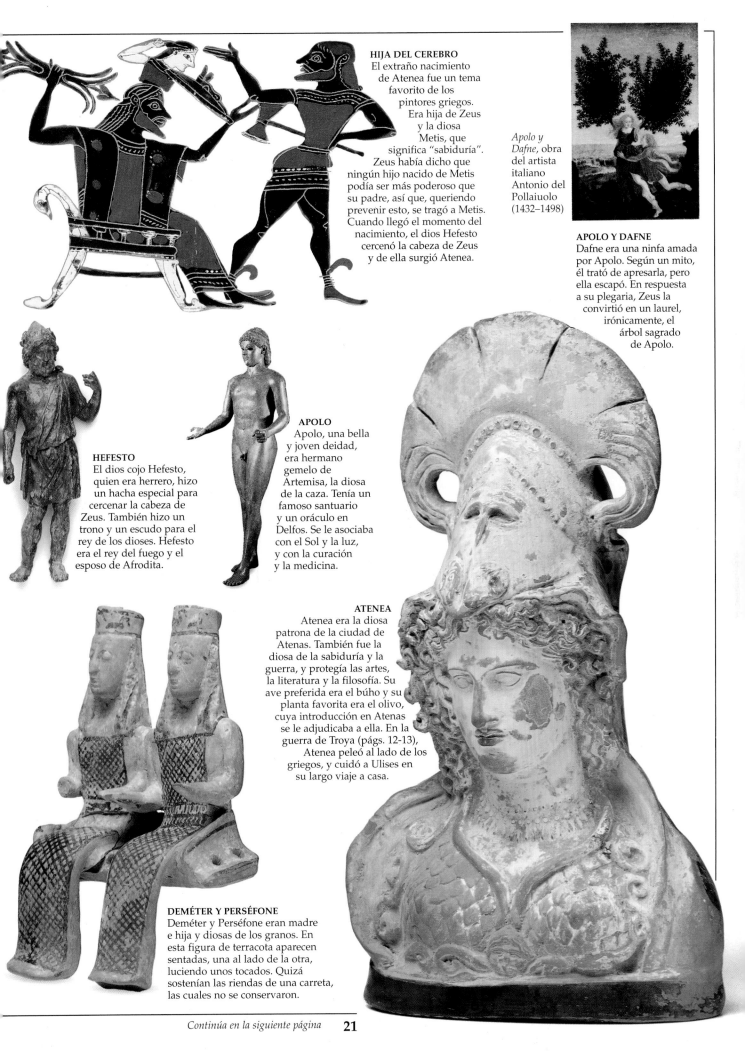

Continúa en la siguiente página **21**

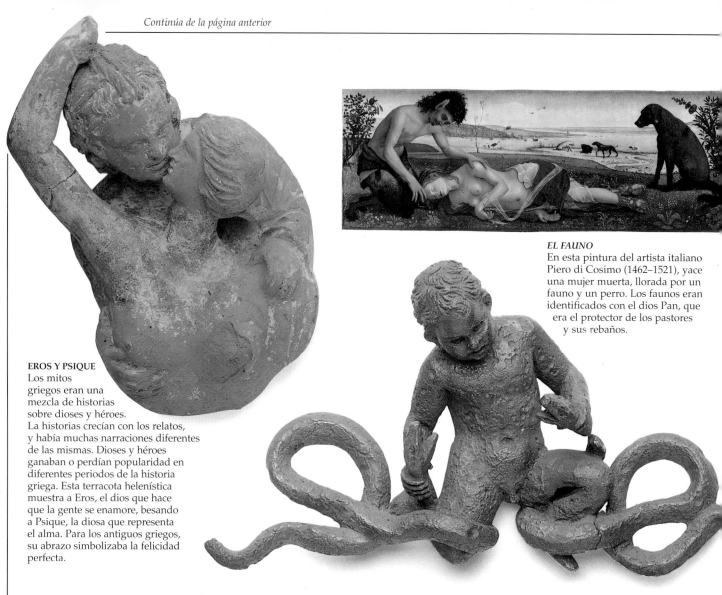

EL FAUNO
En esta pintura del artista italiano
Piero di Cosimo (1462–1521), yace
una mujer muerta, llorada por un
fauno y un perro. Los faunos eran
identificados con el dios Pan, que
era el protector de los pastores
y sus rebaños.

EROS Y PSIQUE
Los mitos
griegos eran una
mezcla de historias
sobre dioses y héroes.
La historias crecían con los relatos,
y había muchas narraciones diferentes
de las mismas. Dioses y héroes
ganaban o perdían popularidad en
diferentes periodos de la historia
griega. Esta terracota helenística
muestra a Eros, el dios que hace
que la gente se enamore, besando
a Psique, la diosa que representa
el alma. Para los antiguos griegos,
su abrazo simbolizaba la felicidad
perfecta.

HERACLE
El más grande de todos los héroes, Heracles, o Hércule
era el hijo de Zeus y una mujer mortal. Cuando era u
pequeño bebé, Heracles demostró que era un héro
estrangulando con sus propias manos a dos serpiente
enviadas a atacarlo. De adulto, realizó 12 famoso
trabajos (tareas) para un rey llamado Euristeo. En
primer trabajo, Heracles mató al león de Nemea,
con frecuencia se le representa
como en este vaso, usand
su piel. El trabajo que s
muestra aquí es la muert
de los pájaros de Estínfal
Estas aves, que vivían cerc
de un lago en el noreste d
Peloponeso, destruían la
cosechas y herían a la gent
con sus plumas venenosas
Heracles las asustó con un
sonaja de bronce, que l
entregó el dios herrer
Hefesto (págs. 20-21), y lueg
les disparó con una honda
Heracles era fuerte y valient
pero le gustaban el vino
las mujeres, y tuv
muchos romances

PEGASO
Esta moneda muestra a Pegaso, el caballo alado. Pegaso fue domado por el héroe Belerofonte, quien trató de llevarlo al cielo. Pero Pegaso fue picado por un tábano enviado por Zeus y derribó a Belerofonte de su lomo, lanzándolo a la tierra.

¡MUY ALTO!
Ícaro era el hijo de Dédalo, un mítico artesano que elaboró alas para que él y su hijo pudieran volar. Sus alas estaban pegadas con cera. Ícaro voló demasiado alto y el calor del Sol derritió la cera, por lo que cayó en el mar Egeo y se ahogó.

LA CONSTRUCCIÓN DEL ARGOS
Este panel de terracota romano muestra una escena del mito de Jasón y los Argonautas. Jasón era un príncipe de Tesalia, en el norte de Grecia, y los Argonautas eran un grupo de héroes que navegaban con él en un barco hecho por ellos, llamado Argos. Los héroes luchaban con extraños monstruos, y con frecuencia emprendían largos y difíciles viajes. Jasón y su tripulación se lanzaron a navegar para hallar el Vellocino de Oro, el cual colgaba de un árbol, cerca del Mar Negro, custodiado por una serpiente. La diosa Atenea auxilió a Jasón en su tarea: la vemos a la izquierda ayudando a construir la nave.

EL ENCANTO DE LA LIRA
Orfeo era poeta y músico. Tocaba la lira y la cítara y cantaba tan bien que podía domar animales salvajes; árboles y plantas doblaban sus ramas hacia él, y podía calmar el más violento de los temperamentos. Tomó parte en la expedición de Jasón y los Argonautas y tranquilizó a la tripulación y aquietó las olas con su música. En esta hermosa pintura del pintor holandés Roelandt Savery (1576-1639), se ilustra la magia de la música de Orfeo. Todas las aves y las bestias están echadas juntas en un paisaje encantado.

PERSEO Y MEDUSA
En esta pintura de un vaso de 460 a. C., Perseo acaba de cortar la cabeza de la gorgona Medusa. Una mirada de ella convertía en piedra a una persona, razón por la que el héroe la decapitó. Su cabeza se aprecia en la bolsa de Perseo.

Festivales y oráculos

VAN BAILANDO
Durante un festival en la campiña, una fila de gente tomada de la mano se acerca a un altar donde se realiza un sacrificio. Una sacerdotisa, o tal vez Deméter, la diosa del trigo, está parada detrás del altar con una cesta plana usada para limpiar el grano.

La RELIGIÓN TENÍA UNA FUNCIÓN IMPORTANTE en la vida griega. El culto se hacía en un pequeño altar en el hogar, generalmente en el patio de la casa. Los griegos creían que podían pactar con los dioses. Les ofrecían oro, plata y sacrificios de animales. También celebraban festivales y juegos en su honor. En retribución, esperaban que los dioses los protegieran de enfermedades, cuidaran sus cosechas y les concedieran otros favores. La comunicación con los dioses tenía un lugar fijo en el calendario; la mayor parte de los festivales se realizaban una vez al año o, a veces, cada cuatro años. Los dioses también era adorados en santuarios; uno de los más importantes era el de Apolo en Delfos. Apolo era el dios de las profecías, y en Delfos contestaba preguntas sobre el futuro. Su sacerdotisa era su portavoz y hacía oscuros pronunciamientos que podían interpretarse de muchas formas. El oráculo (como era llamado este pronóstico) de Delfos se mantuvo hasta la época cristiana.

TORO SAGRADO
El toro era uno de los animales ofrecidos como sacrificio en ocasiones importantes. Los toros eran adornados con guirnaldas de plantas y cintas para mostrar que estaban reservados para los dioses. Las cabezas ornadas de estos animales inspiraron algunos diseños decorativos en los templos.

ALGO VIEJO, ALGO NUEVO
Las enormes columnas de un templo griego en la antigua Poseidonia (Paestum), en el sur de Italia, enmarcan a una pareja de novios posando para las fotos. Se cree que ruinas como éstas traen buena suerte a los recién casados.

EL CENTRO DEL MUNDO
Se pensaba que Delfos era el centro del mundo, el punto exacto donde se encontraban dos pájaros que volaban desde extremos opuestos de la Tierra. Los griegos pusieron ahí una enorme piedra, el *omphalos,* u ombligo del mundo. En esta versión, que está en el museo de Delfos, se talló una red de hebras de lana, señal de que era un objeto sagrado.

EL AURIGA

En lo alto del templo de Apolo, en Delfos, se construyó un estadio para juegos y carreras de carros en honor del dios. Ganar estas carreras era el mayor honor en estos juegos, y el dueño del equipo de caballos ganadores se mandaba hacer una estatua para festejar su éxito. Los ojos de esta magnífica figura de bronce son incrustaciones de vidrio y piedra, los labios son de cobre y la diadema está decorada con plata. El auriga todavía sostiene las riendas de sus caballos a pesar de que éstos desaparecieron hace mucho. Tal vez, ésta es una de las estatuas más conocidas de la antigua Grecia.

TEMPLO DE APOLO

elfos era la sede del principal templo de Apolo. Se rica en las laderas empinadas del Monte Parnaso, el gar predilecto de Apolo y de las Musas protectoras las artes y la música. Un camino flanqueado por queñas construcciones que guardaban las ofrendas os dioses, aún serpentea la ladera y cruza los restos l gran templo que albergaba el oráculo.

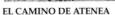

EL CAMINO DE ATENEA

En la propia ciudad de la diosa Atenea, Atenas, se ubica la Vía Panatenaica, un camino especial que conduce a sus templos y altares en la Acrópolis. Partiendo des-de el ágora, el mercado y lugar de reunión de la ciudad, actualmente el camino cruza la versión recons-truida de una *stoa*, una larga edificación con columnatas. Ésta se usaba para comerciar y conversar.

SANTUARIO DE ATENEA

ás abajo en la montaña del santuario de polo, se levanta el santuario de Atenea. En edio se halla esta construcción circular, cuyo opósito se desconoce. Destaca contra el fondo ul plata de miles de olivos. A Atenea se le ribuía la creación del olivo, y estos ertos aún proveen una rica cosecha ra la gente del lugar.

PROCESIÓN DE SACRIFICIO

En este gran tazón para vino (las hojas de hiedra que lo decoran se relacionan con Dioniso, dios del vino), una larga fila de gente va camino de adorar a la diosa Atenea. El altar donde ya se elevan las llamas se ve a la derecha del tazón. Atenea está de pie detrás del altar. La procesión es encabezada por una mujer que lleva en la cabeza una bandeja con pasteles. Es seguida por un hombre que conduce al toro del sacrificio y, más atrás, va otro hombre tocando una flauta. El resto de los hombres carga todo lo necesario para el ritual, como una jarra de vino. Un carro con una mula cierra la marcha.

Templos

LA VIDA GRIEGA ESTABA DOMINADA por la religión, de modo que no sorprende que sus templos fueran las más grandes y más bellas edificaciones. También tenían un propósito político, ya que celebraban el poder y el orgullo cívico, o para agradecer a la deidad patrona de una ciudad por los triunfos en la guerra. Estaban hechos de piedra caliza o de mármol, con techos de madera. Las tejas del techo eran de terracota o de piedra. En la construcción de un templo se empleaba a un gran número de trabajadores. Los bloques de piedra eran tranportados desde las canteras en carros tirados por bueyes. Estos bloques eran tallados por albañiles que usaban martillos y mazos. Las columnas altas se hacían en secciones cilíndricas (tambores), y luego se izaban hasta su posición con cuerdas y poleas, y se unían con estacas. Las esculturas decorativas en forma de frisos, y las estatuas en los frontones (remates triangulares), añadían grandiosidad y belleza a los templos griegos.

CABO SOUNION
Un templo de mármol del siglo V, en honor de Poseidón, el dios del mar, corona un alto promontorio en el sur de Atenas. Era una guía para los marinos que regresaban a Atenas. Al poeta romántico inglés lord Byron (1788-1824) le conmovió mucho su belleza.

EL TEMPLO DE ZEUS
Cada cuatro años se realizaba un gran festival internacional de atletismo (págs. 44-45) en honor de Zeus, en Olimpia, un santuario en las orillas del río Alpheios. Allí se han encontrado restos descomunales del gran templo de Zeus, construido en el siglo V, y de otras importantes edificaciones.

EL TEMPLO DE CERES
Poseidonia (más tarde llamada Paestum), en el sur de Italia, al sur de Nápoles, era una rica colonia griega y tiene los templos arcaicos mejor conservados de todo el mundo griego. El que vemos aquí,, construido en el siglo VI a. C. en estilo dórico y conocido como el templo de Ceres (la versión romana de Deméter), fue dedicado a la diosa Atenea y luego sirvió como iglesia cristiana. Durante cientos de años, poca gente visitó el sitio de Paestum porque estaba oculto por pantanos y maleza, y esto explica la extraordinaria conservación de las edificaciones.

CAPITEL DE ROSETA

Este enorme capitel (parte superior de una columna) de mármol es del templo de Artemisa en Éfeso, actual Turquía. En ese sitio, un templo más antiguo se incendió en 356 a. C., la noche que nació Alejandro Magno (págs. 62-63).

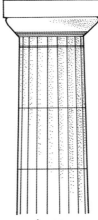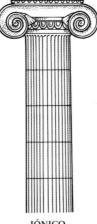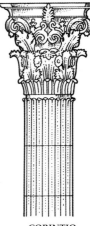

DÓRICO	JÓNICO	CORINTIO

BOCA DE LEÓN

A veces, el agua de lluvia de los techos de los templos drenaba a través de surtidores con forma de cabeza de león. Ésta proviene de un templo de Atenea en Priene, justo al sur de Éfeso, en la actual Turquía.

DÓRICO
El estilo dórico es más bien grueso y su cima (el capitel) es plana. Este estilo se usó en el territorio de Grecia y en las colonias en el sur de Italia y en Sicilia.

JÓNICO
El estilo jónico es más estilizado y elegante. Este capitel está decorado con un diseño en espiral (una voluta). Fue hallado en el oriente de Grecia y en las islas.

CORINTIO
El estilo corintio fue muy poco usado en el mundo griego, pero se ve a menudo en los templos romanos. Su capitel es muy elaborado y está decorado con hojas de acanto.

COLUMNAS Y CAPITELES

La mayoría de los edificios griegos tienen columnas verticales y dinteles horizontales (vigas). El estilo tal vez estaba inspirado por las antiguas construcciones de madera cuyos techos se detenían con troncos de árboles.

CAPITEL CORINTIO

Este capitel alguna vez decoró un elegante edificio con columnas en Asia Menor (actual Turquía). El rostro es una versión de una máscara teatral femenina. Las hojas inferiores, talladas profundamente, copian las del acanto, un motivo favorito de los artistas griegos. La planta es fácilmente identificable por sus hojas alargadas.

TEJA DE PALMETA

El extremo de esta teja tiene una palmeta. Proviene de un templo de Apolo, en Bassae, en el sur de Grecia. Esta zona fue famosa por sus guerreros. Quizá Apolo fue adorado allí como un dios de los combatientes.

HOJAS DE LOTO

Este fragmento de mármol está profusamente tallado con un friso con dibujos de lotos y palmetas y otras delicadas figuras. Proviene de la parte alta del muro oriental del famoso templo del Erecteion, en la Acrópolis de Atenas (págs. 16-17). El techo del pórtico sur del edificio está sostenido por columnas en forma de mujeres de pie con cestas sobre sus cabezas. Pericles ordenó la construcción del Erecteion (el cual sobrevive actualmente en el sitio de las antiguas edificaciones), a mediados del siglo V a. C., para embellecer la ciudad de Atenas.

En casa

LOS GRIEGOS PREFERÍAN QUE SUS HOGARES fueran privados. Las ventanas eran pequeñas y se ubicaban en lo alto de los muros, elaborados con ladrillos de barro secados al sol que no duraban mucho. Esta casa de campo es una construcción sencilla, las casas citadinas tal vez tenían más habitaciones y eran más lujosas. El jardín o patio estaba en medio de la casa, con los cuartos alrededor. Es posible que allí hubiera un pozo donde jóvenes esclavas lavaban y llenaban los jarrones de agua. En el pórtico, un *herm*, estatua del dios Hermes, evitaba la entrada de espíritus malignos. Es difícil tener una imagen muy clara de un típico hogar griego. Esta casa se basa en información obtenida al desenterrar una casa en el campo, en el sur de Atenas, habitada en el siglo IV a. C.

Esta figurilla de terracota muestra a una mujer moliendo grano para hacer pan

PUERTA Y VASIJAS
En Grecia, la made[...] era cara y, por end[...] las puertas eran objetos preciosos[...] Aquí, dos vasijas que se usaban en l[...] rituales de boda.

FELINO DE LLUVIA
Las casas ricas tenían bajadas de agua en los techos para la lluvia. Ésta caía al suelo por surtidores como éste con forma de cabeza de león.

Escalera hacia el piso superior

Cada cas[...] tenía u[...] altar dond[...] la famili[...] ofrecí[...] sacrificios[...] los diose[...]

Los cuartos de las mujeres (gineceo) albergaban los telares, las cunas de los bebés y las camas

Fogón para cocinar y prender carbón ardiente para los braseros portátiles

El comedor (andron) donde los hombres recibían a sus amigos

BELLEZA SENTADA
En esta pintura de una vasija, una joven mujer, tal vez una novia preparándose para su boda, está sentada en una silla, en su casa. Este elegante tipo de silla se ve a menu-do en las vasijas.

SOBRE LOS TEJADOS
A veces, los remates de los tejados de terracota de las casas ricas y los templos eran decorados con caras humanas o de animales. Esta cabeza de gorgona tiene izos espesos y la lengua afuera. Puede que haya estado muy coloreada y que fuera muy visible desde el suelo.

LECHOS
Como las camas griegas se hacían de madera, no ha perdurado ninguna. Esta pieza de bronce alguna vez fue parte de la cabecera de una cama. Para comer se usaban lechos parecidos.

Los muros eran de adrillos de barro, veces enlucidos on yeso

Techo de tejas de arcilla

Ventanas abiertas, sin vidrios, pero con postigos de madera

Puerta de madera con herrajes de bronce

Los cimientos de piedra a menudo eran robados por constructores posteriores

En el campo, por lo general un muro de piedra rodeaba la propiedad

El mundo femenino

Nuez

HUSO
La lana se hilaba con un huso. Éste es de madera, pero también existen modelos de bronce y de hueso. En un extremo tiene un peso, conocid[o] como nuez del huso. El huso gira y va retorciendo la lana en un hilo.

LA VIDA DE LAS MUJERES en la antigua Grecia era restringida. Estaban bajo el control de sus maridos, padres o hermanos, y rara vez participaban en política o cualquier otra actividad pública. A la mayoría de las mujeres no se le permitía heredar propiedades y se les asignaba muy poco dinero. Una niña podía casarse muy joven, a los 13 ó 14 años, y su marido, quien era ciertamente mucho mayor, era elegido por el padre de ella. El principal propósito del matrimonio era tener hijos, de preferencia un varón, para preservar la estirpe. La posición social de una mujer aumentaba enormemente cuando daba a luz a un niño (págs. 32-33). Algunos matrimonios parecen haber sido felices. Ha perdurado un buen número de lápidas dedicadas a mujeres que morían durante el parto. Tienen tiernas inscripciones de los acongojados maridos. Es posible que, aunque legalmente tenían muy pocas libertades, algunas mujeres pudieran tomar importantes decisiones sobre la vida doméstica. Su trabajo de hilado y tejido también era una importante contribución para la familia.

Mujer griega, obra del artista inglés sir Lawrence Alma-Tadema (1836-1912)

AMAS DE CASA
En Grecia, las niñas no iban a la escuela (págs. 32-33). En cambio, permanecían en casa y eran instruidas por sus madres sobre cómo hilar y tejer, y cuidar el hogar. Algunas mujeres adineradas aprendían a leer y escribir. En esta vasija una mujer está leyendo un rollo de papiro.

HILADORA
En este cántaro de fondo blanco, una mujer está hiland[o] con una rueca y un huso. La rueca era una vara de madera o metal con un clavo en una punta y un mango en la otra.

MUJERES EN LA FUENTE
Pocas casas contaban con su propio pozo. En Atenas había fuentes públicas donde las mujeres y las jóvenes esclavas iban a llenar sus cántaros de agua. El surtidor tiene la forma de una cabeza de león. Las mujeres esperan su turno con sus vasijas sobre la cabeza. Ésta era una buena oportunidad para encontrarse con las amigas y platicar.

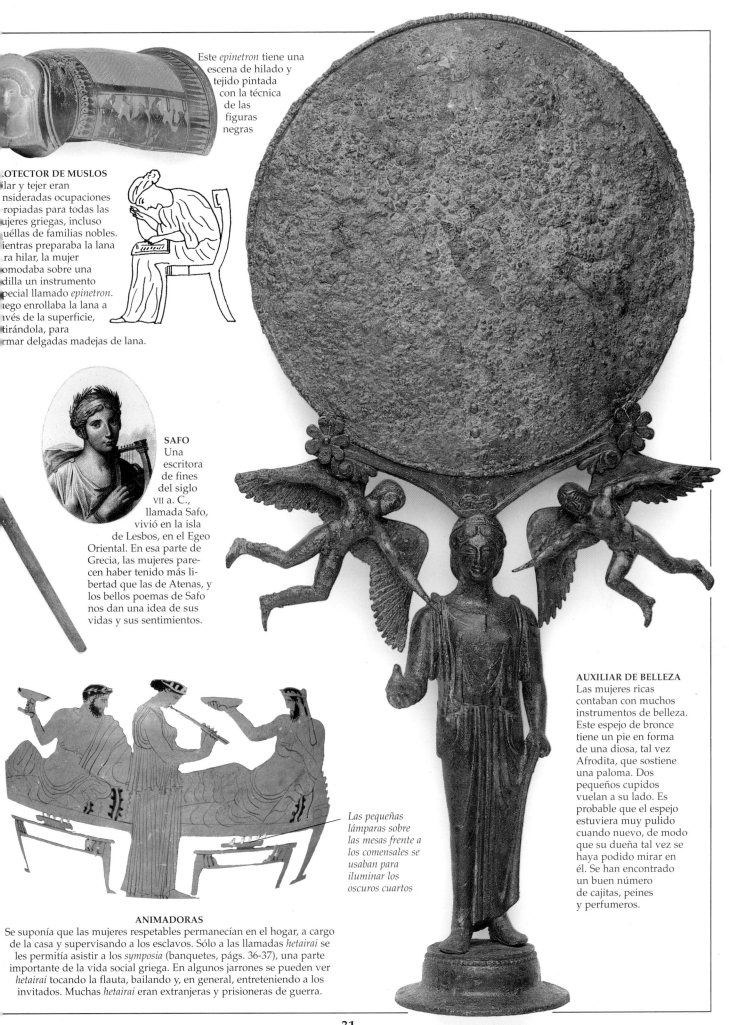

Este *epinetron* tiene una escena de hilado y tejido pintada con la técnica de las figuras negras

ₚROTECTOR DE MUSLOS

ₕilar y tejer eran ₑonsideradas ocupaciones ₐpropiadas para todas las ₘujeres griegas, incluso ₐuéllas de familias nobles. ₘientras preparaba la lana ₚra hilar, la mujer ₐcomodaba sobre una ₐdilla un instrumento ₑpecial llamado *epinetron*. ₗuego enrollaba la lana a ₐvés de la superficie, ₑstirándola, para ₑ₀rmar delgadas madejas de lana.

SAFO

Una escritora de fines del siglo VII a. C., llamada Safo, vivió en la isla de Lesbos, en el Egeo Oriental. En esa parte de Grecia, las mujeres parecen haber tenido más libertad que las de Atenas, y los bellos poemas de Safo nos dan una idea de sus vidas y sus sentimientos.

Las pequeñas lámparas sobre las mesas frente a los comensales se usaban para iluminar los oscuros cuartos

ANIMADORAS

Se suponía que las mujeres respetables permanecían en el hogar, a cargo de la casa y supervisando a los esclavos. Sólo a las llamadas *hetairai* se les permitía asistir a los *symposia* (banquetes, págs. 36-37), una parte importante de la vida social griega. En algunos jarrones se pueden ver *hetairai* tocando la flauta, bailando y, en general, entreteniendo a los invitados. Muchas *hetairai* eran extranjeras y prisioneras de guerra.

AUXILIAR DE BELLEZA

Las mujeres ricas contaban con muchos instrumentos de belleza. Este espejo de bronce tiene un pie en forma de una diosa, tal vez Afrodita, que sostiene una paloma. Dos pequeños cupidos vuelan a su lado. Es probable que el espejo estuviera muy pulido cuando nuevo, de modo que su dueña tal vez se haya podido mirar en él. Se han encontrado un buen número de cajitas, peines y perfumeros.

Crecer en Grecia

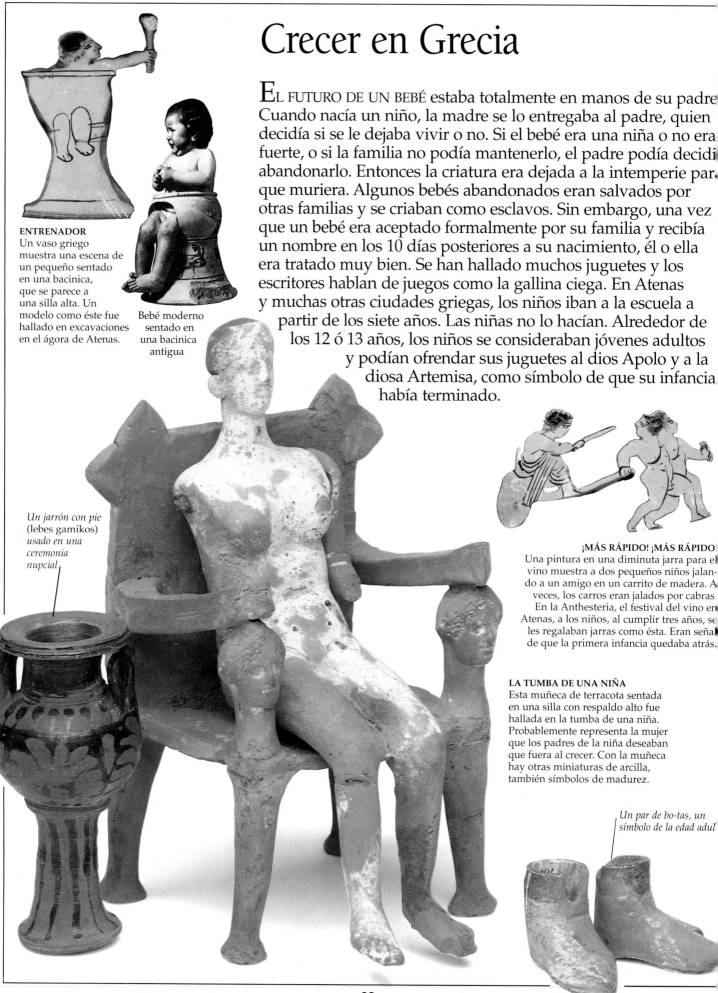

EL FUTURO DE UN BEBÉ estaba totalmente en manos de su padre. Cuando nacía un niño, la madre se lo entregaba al padre, quien decidía si se le dejaba vivir o no. Si el bebé era una niña o no era fuerte, o si la familia no podía mantenerlo, el padre podía decidir abandonarlo. Entonces la criatura era dejada a la intemperie para que muriera. Algunos bebés abandonados eran salvados por otras familias y se criaban como esclavos. Sin embargo, una vez que un bebé era aceptado formalmente por su familia y recibía un nombre en los 10 días posteriores a su nacimiento, él o ella era tratado muy bien. Se han hallado muchos juguetes y los escritores hablan de juegos como la gallina ciega. En Atenas y muchas otras ciudades griegas, los niños iban a la escuela a partir de los siete años. Las niñas no lo hacían. Alrededor de los 12 ó 13 años, los niños se consideraban jóvenes adultos y podían ofrendar sus juguetes al dios Apolo y a la diosa Artemisa, como símbolo de que su infancia había terminado.

ENTRENADOR
Un vaso griego muestra una escena de un pequeño sentado en una bacinica, que se parece a una silla alta. Un modelo como éste fue hallado en excavaciones en el ágora de Atenas.

Bebé moderno sentado en una bacinica antigua

Un jarrón con pie (lebes gamikos) usado en una ceremonia nupcial

¡MÁS RÁPIDO! ¡MÁS RÁPIDO!
Una pintura en una diminuta jarra para el vino muestra a dos pequeños niños jalando a un amigo en un carrito de madera. A veces, los carros eran jalados por cabras. En la Anthesteria, el festival del vino en Atenas, a los niños, al cumplir tres años, se les regalaban jarras como ésta. Eran señal de que la primera infancia quedaba atrás.

LA TUMBA DE UNA NIÑA
Esta muñeca de terracota sentada en una silla con respaldo alto fue hallada en la tumba de una niña. Probablemente representa la mujer que los padres de la niña deseaban que fuera al crecer. Con la muñeca hay otras miniaturas de arcilla, también símbolos de madurez.

Un par de bo-tas, un símbolo de la edad adulta

ducación

uando los niños iban a la escuela, a los siete
os, aprendían a leer y escribir y aritmética
n maestros llamados *grammatistes*.
prendían música, incluyendo la
cución de un instrumento musical, con
ofesores conocidos como *kitharistes*.
mbién tenían que aprender poesía
memoria y el arte de debatir.
s niños mayores podían ser
ucados por maestros llama-dos
fistas. Éstos viajaban de pueblo
pueblo y a veces instruían a
s alumnos en los *gymnasia*, o
mpos de entrenamiento. A
·sar de que las niñas no
an a la escuela, algunas
·familias ricas tenían
tores privados y
mbién aprendían
·eer y escribir.
·s madres les
·señaban a hilar y
·er, y cómo
·anejar una casa.

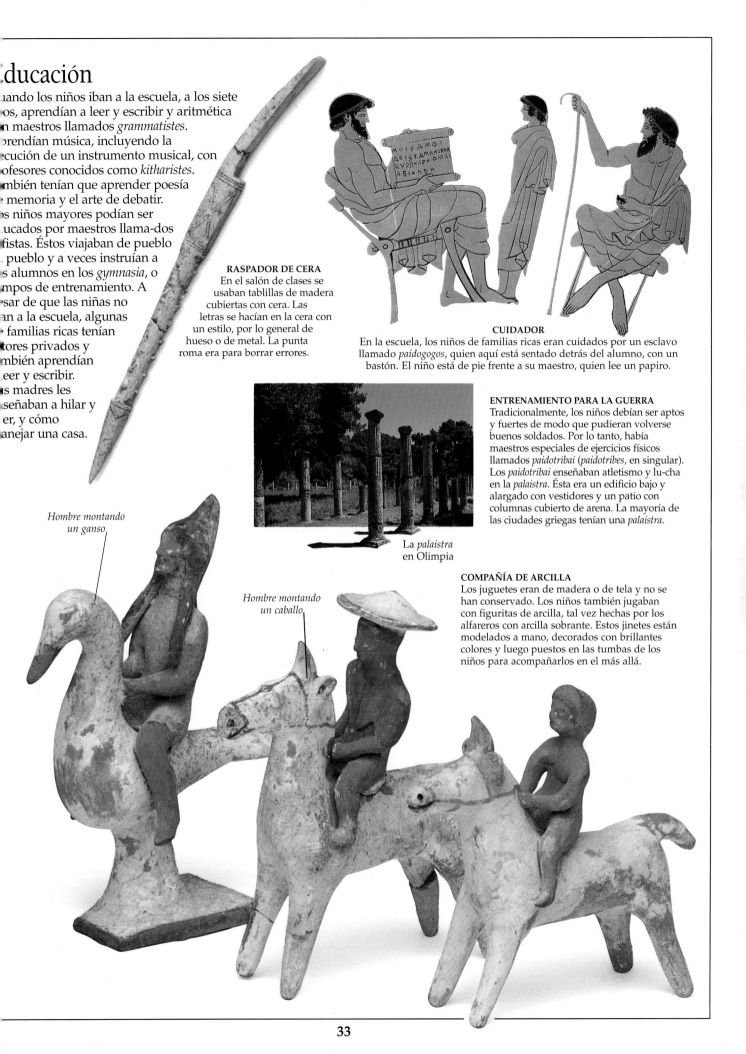

RASPADOR DE CERA
En el salón de clases se
usaban tablillas de madera
cubiertas con cera. Las
letras se hacían en la cera con
un estilo, por lo general de
hueso o de metal. La punta
roma era para borrar errores.

CUIDADOR
En la escuela, los niños de familias ricas eran cuidados por un esclavo
llamado *paidogogos*, quien aquí está sentado detrás del alumno, con un
bastón. El niño está de pie frente a su maestro, quien lee un papiro.

ENTRENAMIENTO PARA LA GUERRA
Tradicionalmente, los niños debían ser aptos
y fuertes de modo que pudieran volverse
buenos soldados. Por lo tanto, había
maestros especiales de ejercicios físicos
llamados *paidotribai* (*paidotribes*, en singular).
Los *paidotribai* enseñaban atletismo y lu-cha
en la *palaistra*. Ésta era un edificio bajo y
alargado con vestidores y un patio con
columnas cubierto de arena. La mayoría de
las ciudades griegas tenían una *palaistra*.

La *palaistra*
en Olimpia

*Hombre montando
un ganso*

*Hombre montando
un caballo*

COMPAÑÍA DE ARCILLA
Los juguetes eran de madera o de tela y no se
han conservado. Los niños también jugaban
con figuritas de arcilla, tal vez hechas por los
alfareros con arcilla sobrante. Estos jinetes están
modelados a mano, decorados con brillantes
colores y luego puestos en las tumbas de los
niños para acompañarlos en el más allá.

Diversión y juegos

LOS GRIEGOS RICOS, EN ESPECIAL LOS que vivían en las ciudades, tenían mucho tiempo libre para platicar, ofrecer fiestas, asistir al *gymnasium* y jugar todo tipo de juegos. La música era particularmente importante. Los griegos cantaban en nacimientos, bodas y funerales. Tenían canciones de amor, de guerra, para brindis y para dar gracias a los dioses a la hora de la cosecha. También había muchos instrumentos musicales: de cuerda, como el arpa, la lira y la cítara (un tipo de lira), y de viento, como la siringa, o flauta de Pan, hecha de cañas de diferentes largos. Por desgracia, no ha perdurado casi nada de la música escrita de la antigua Grecia. Quizá podemos suponer cómo sonaba viendo la forma de danzar de las mujeres en las vasijas griegas. Parecen estarse moviendo rítmicamente a un son lento y persistente. Los hombres no bailaban, pero les gustaba ver a las bailarinas en las celebraciones y en las fiestas (págs. 36-37).

JOVEN BAILARINA
Esta niña esclava, luciendo una corta falda plisada, baila mientras toca las castañuelas. Tal vez está animando una fiesta.

GOLPE DE CÍMBALOS
Este par de címbalos de bronce tiene grabado el nombre de su dueño, Oata. Instrumentos como éste se han conservado rara vez, aunque a menudo se ven pintados en vasijas.

TRÍO MELODIOSO
Esta pintura de un vaso con figuras rojas, muestra a tres personas con sus instrumentos musicales. La mujer sentada en la silla es la musa Terpsícore. Las musas eran deidades menores que protegían las artes. Terpsícore parece estar muy concentrada tocando su arpa, mientras los otros sostienen sus liras y escuchan. El hombre de la derecha es Musaios, un músico legendario.

Astrágalos o tabas

UNA LIRA GRANDE
La cítara, la cual está tocando esta mujer, es una versión de madera de la lira, más grande. Ella pulsa las cuerdas con un plectro, similar a los que usan los guitarristas hoy en día. Por lo general, la cítara era tocada por músicos profesionales. Esta figura fue elaborada en un poblado griego en el sur de Italia. Tal vez canta o recita poesía mientras toca.

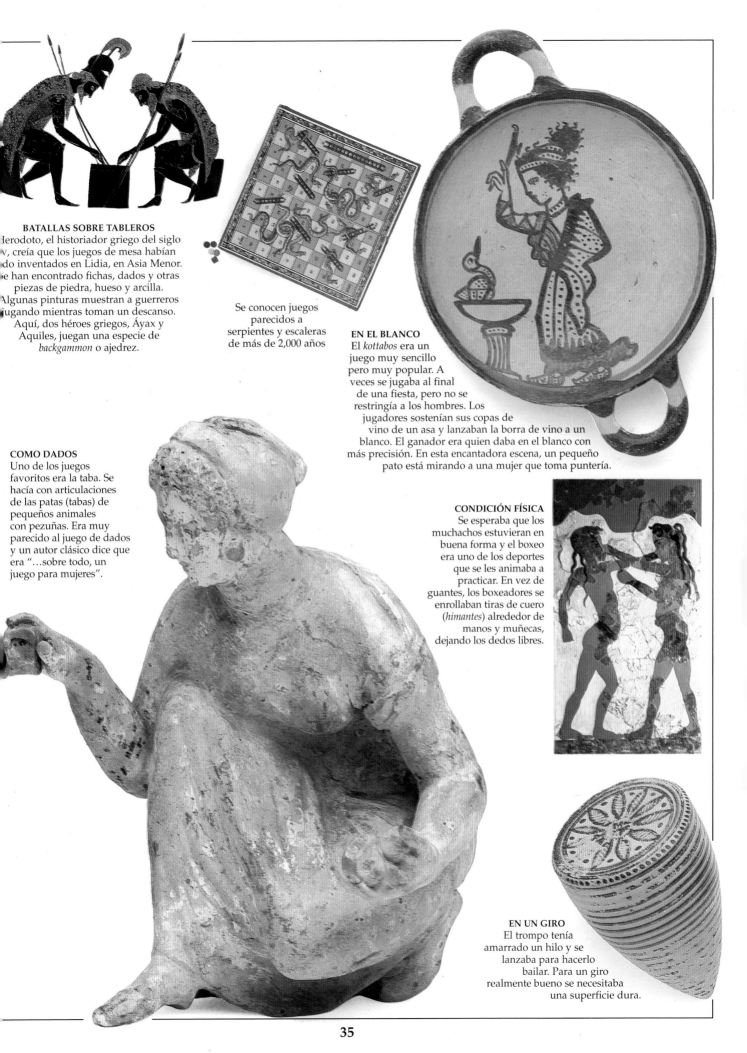

BATALLAS SOBRE TABLEROS

Herodoto, el historiador griego del siglo V, creía que los juegos de mesa habían sido inventados en Lidia, en Asia Menor. Se han encontrado fichas, dados y otras piezas de piedra, hueso y arcilla. Algunas pinturas muestran a guerreros jugando mientras toman un descanso. Aquí, dos héroes griegos, Áyax y Aquiles, juegan una especie de *backgammon* o ajedrez.

Se conocen juegos parecidos a serpientes y escaleras de más de 2,000 años

EN EL BLANCO

El *kottabos* era un juego muy sencillo pero muy popular. A veces se jugaba al final de una fiesta, pero no se restringía a los hombres. Los jugadores sostenían sus copas de vino de un asa y lanzaban la borra de vino a un blanco. El ganador era quien daba en el blanco con más precisión. En esta encantadora escena, un pequeño pato está mirando a una mujer que toma puntería.

COMO DADOS

Uno de los juegos favoritos era la taba. Se hacía con articulaciones de las patas (tabas) de pequeños animales con pezuñas. Era muy parecido al juego de dados y un autor clásico dice que era "…sobre todo, un juego para mujeres".

CONDICIÓN FÍSICA

Se esperaba que los muchachos estuvieran en buena forma y el boxeo era uno de los deportes que se les animaba a practicar. En vez de guantes, los boxeadores se enrollaban tiras de cuero (*himantes*) alrededor de manos y muñecas, dejando los dedos libres.

EN UN GIRO

El trompo tenía amarrado un hilo y se lanzaba para hacerlo bailar. Para un giro realmente bueno se necesitaba una superficie dura.

Beber y comer

TUMBA ALEGRE
Pintada en el muro de una tumba (pág. 60) en Paestum, colonia griega en el sur de Italia, una típica escena de un banquete, con unos jóvenes en unos divanes, mientras los esclavos sirven comida y vino en pequeñas mesas.

EN ATENAS Y OTRAS CIUDADES GRIEGAS, los hombres a menudo ofrecían banquetes o fiestas (*symposia*) a sus amistades masculinas. Además de estas pequeñas y privadas *symposia*, también había algunas públicas a gran escala. Las *symposia* privadas tenía lugar en las casas, en el co-medor (*andron*), el cual se reservaba para el uso de los hombres después de la cena. Muchos vasos griegos muestran escenas de las *symposia*. Las mujeres respetables eran excluidas de un *symposion*, pero las jóvenes esclavas llamadas *hetairai* entretenían a los hombres bailando, tocando la flauta y haciendo acrobacias (págs. 30-31). La velada comenzaba con abundancia de bebida (usualmente vino) y cantando canciones especiales, o himnos, a los dioses. Los invitados lucían guirnaldas y se perfumaban. Al principio discutían de política y filosofía, pero a medida que bebían más y más, se decían bromas, adivinanzas y cuentos. De vez en cuando, después de beber profusamente, se quedaban dormidos en sus confortables divanes, dejando la limpieza a los esclavos.

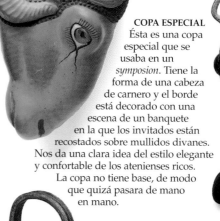

COPA ESPECIAL
Ésta es una copa especial que se usaba en un *symposion*. Tiene la forma de una cabeza de carnero y el borde está decorado con una escena de un banquete en la que los invitados están recostados sobre mullidos divanes. Nos da una clara idea del estilo elegante y confortable de los atenienses ricos. La copa no tiene base, de modo que quizá pasara de mano en mano.

En Grecia abundaban las aceitunas, y tazones de éstas, tanto verdes como negras, se servían en un *symposion*, tal vez como aperitivo

VASIJAS PARA EL VINO
El vino era una de las bebidas favo-ritas de los griegos. Lo bebía todo el mundo, no sólo los ricos, y casi siempre se diluía con agua. Un típico desayuno griego consistía en pan remojado en vino y unos pocos higos. Se han conservado diferentes tipos de recipientes para el vino. A menudo eran de barro, pero a veces eran de bronce. La vasija grande de bronce del extremo izquierdo, se usaba para mezclar agua y vino. La mezcla se pasaba luego a la jarra, con el cucharón, para que el esclavo pudiera llenar la copa de su amo.

ALIMENTO PARA LOS DIOSES
Los griegos cultivaban trigo y cebada para hacer pan y papillas, los cuales formaban parte importante de su dieta. También consumían lentejas, chícharos, cebollas, ajo y col en grandes cantidades. La carne se comía principalmente con ocasión de un sacrificio, como en los festivales religiosos, cuando el animal sacrificado era repartido entre los devotos. El resto del tiempo, el pescado y el queso eran las principales fuentes de proteínas. Había frutos como granadas, higos, manzanas y peras. Las naranjas y los limones empezaron a cultivarse en Grecia mucho tiempo después.

Hasta la gente que vivía en la ciudad criaba cabras que les daban leche y queso.

Pan con queso de cabra

PLATO DE PESCADO
En un *symposion* se servía una variedad de pescados. Muchas ciudades griegas estaban cerca del mar y los pescadores salían a pescar lisa, atún, caballa y esturión. Esta caballa está en una cama de hojas de laurel. Los griegos gustaban aderezar sus alimentos con hierbas frescas.

Higos en un platón moderno

Calamar

Caballa sobre hojas de laurel en un platón moderno

DULZURAS
La combinación de veranos secos e inviernos lluviosos y con largas temporadas de sol, es ideal para las plantas de lenta germinación, como la higuera. A falta de azúcar, los frutos dulces como los higos eran muy populares como postre. La miel se usaba en pasteles y galletas.

FRUTOS DEL MAR
En los mares alrededor de Grecia abundaban los pulpos y los calamares; el pescado era básico en la dieta de todo el mundo. Los pescados y mariscos aún son parte importante de la cocina griega actual.

37

Un día libre

LOS TEATROS GRIEGOS SON DE las construcciones más espectaculares que han perdurado desde los tiempos antiguos. En ciudades como Atenas, o en sitios sagrados como Delfos y Epidauro, la gente presenciaba tragedias en honor de los dioses. En Atenas se representaban dramas para Dioniso, dios del vino. Desde mediados del siglo VI a. C., las obras, organizadas como competencias dramáticas, se escenificaban en el festival de primavera de Dioniso. En el siglo V a. C. se representaban tragedias y comedias, y muchas han perdurado hasta hoy. En Atenas, el público pasaba días viendo las obras, sentado en el teatro de Dioniso, en la ladera de la Acrópolis. Los actores eran hombres, aun en papeles femeninos, y no más de tres actores principales podían hablar al mismo tiempo. Un grupo de actores, el coro, comentaba la acción y se dirigía a la audiencia en forma más directa. Las obras se acompañaban con música, que se ejecutaba fuera, en un área circular plana llamada *orquesta*. Quizá a las mujeres no se les permitía ir al teatro.

EXHAUSTO
Esta pequeña figura de terracota muestra a un actor cómico vestido como una anciana. Luce una máscara de cara arrugada y pelo ondulado, la cual ha empujado sobre su cabeza mientras descansa en un asiento.

EURÍPIDES
La expresión en esta escultura refleja la seriedad de los temas tratados por el dramaturgo ateniense Eurípides. Algunas de sus obras abordaban los horrores de la guerra y perturbaban a los atenienses porque aludían al trato salvaje de sus enemigos.

A VISTA DE PÁJARO
Desde lo alto, en la última fila en Epidauro, se puede ver bien la representación. Aquí, se ha levantado un escenario temporal para la moderna producción de una obra.

EPIDAURO
Esta vista a ras del suelo de los 14,000 asientos del teatro en Epidauro, da una idea de lo que veía un actor que entraba al área de representación. El cuidadosamente curvo auditorio (*theatron* o teatro panorámico) es un enorme estadio semicircular cavado en la ladera del cerro. No sólo está diseñado para permitir una excelente vista; también el sonido es captado y amplificado, y desde la última fila se puede oír a los actores hablando en la *orquesta*.

Un grupo de actores del Royal
National Theatre de Gran Bretaña
representa tres obras llamadas la
Orestíada, del dramaturgo
ateniense Esquilo. Narran la
muerte de Agamenón, luego de
la guerra de Troya, y cómo la
venga su hijo Orestes.

FOCLES

eces se hacían retratos de famosos
maturgos después de muertos, de
nera que no eran muy fieles a la
lidad. Pero estas esculturas
raban la memoria de
ndes escritores como el
maturgo Sófocles.
e grabado decora una
ción del siglo XIX de
obras. Las obras de
ocles sobre familias
la realeza o
endarias y sus
gicas vidas, como
ıellas del rey Edipo
e Electra, hija de
a-menón, aún
ıtivan al público
y en día.

*El muy elaborado
sombrero es señal de que
la riqueza de este hombre
barbado no fue obtenida
honestamente*

*La musa sostiene una
náscara que representa a
una joven mujer, uno de
os personajes de la
omedia griega del siglo
v a. C.*

FIGURILLAS DE RECUERDO
Las figurillas de terracota,
originalmente pintadas con
brillantes colores, quizá son
recuerdos de las visitas al teatro.
En algunas tumbas se han
hallado juegos de todo el elenco
de las obras. La graciosa figura
femenina puede ser una musa,
una de las nueve guardianas de
las artes en la mitología griega.
El actor barbado representa a
una siniestra figura de la más
antigua comedia griega,
quien vivía de las *hetairai.*

Belleza corporal

(págs. 42-43)

LA BELLEZA Y EL ASEO eran importantes para los antiguos griegos. En esculturas y vasijas se puede ver a hombres y mujeres luciendo prendas elegantes y ligeramente plisadas, en graciosas poses (págs. 42-43). Los jóvenes cuidaban mucho sus cuerpos, manteniéndolos fuertes y en buen estado físico, de modo que pudieran ser buenos soldados y atletas. La desnudez se consideraba normal entre los jóvenes, quienes competían desnudos en sus juegos (págs. 44-45). Después del ejercicio, se frotaban con aceite de oliva para mantener su piel elástica. Las mujeres cubrían todo su cuerpo, incluyendo la cabeza, cuando salían. Sin embargo, sus ropas tenían un tejido tan fino que eran casi transparentes, y deben haber sido ligeras y frescas para llevar en el cálido verano. Las mujeres usaban aceites perfumados y trataban de mantenerse alejadas del sol lo más posible, porque el bronceado no se consideraba hermoso. Las mujeres ricas tenían joyas, muchas de ellas de oro y plata, y muy trabajadas.

EL TESORO DE EGINA
Este arete de oro es uno de un par encontrado, junto con un dije, en la isla de Egina. Fue elaborado en la época minoica (págs. 8-9). La forma circular es una serpiente, y dentro hay dos perros sobre la cabeza de unos monos.

DECORACIÓN PÓSTUMA
Las joyas eran señal de riqueza y prosperidad. En este relieve de una tumba un esclavo está mostrando un brazalete a la mujer, quizá la persona muerta.

SEGUIDORA DE LA MODA
Esta figurilla de terracota muestra a una elegante mujer griega (págs. 42-43) portando una túnica (*chiton*) y capa (*himation*). Está sosteniendo una especie de abanico. A menudo, la ropa era muy colorida, como se puede ver en los restos de pintura que quedan en la estatuilla. Los peinados eran muy elaborados y esta mujer luce algún tipo de adorno en el pelo. En Tanagra, en el centro de Grecia, se han encontrado muchas figuras como ésta.

POLVERA
Las mujeres usaban un bote especial, redondo y plano, llamado *pyxis*, para guardar sus perfumes y cosméticos. Estos botes a veces eran decorados con escenas de mujeres hilando y tejiendo.

LA HORA DEL BAÑO
Los griegos se bañaban muy regularmente. Esta terracota muestra que las bañeras eran más pequeñas que la mayoría de las modernas. El lado donde iban los pies era ahuecado y el agua era más profunda, de modo que la mujer podía rociarla sobre su cuerpo.

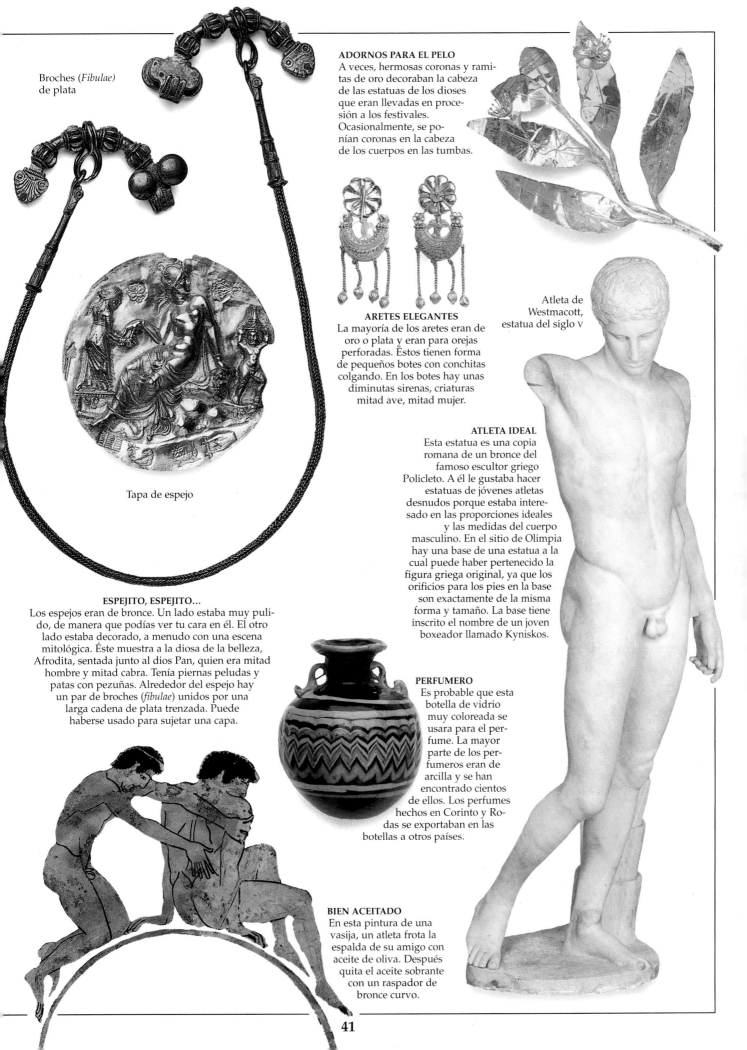

Broches (*Fibulae*)
de plata

Tapa de espejo

ADORNOS PARA EL PELO
A veces, hermosas coronas y ramitas de oro decoraban la cabeza de las estatuas de los dioses que eran llevadas en procesión a los festivales. Ocasionalmente, se ponían coronas en la cabeza de los cuerpos en las tumbas.

ARETES ELEGANTES
La mayoría de los aretes eran de oro o plata y eran para orejas perforadas. Éstos tienen forma de pequeños botes con conchitas colgando. En los botes hay unas diminutas sirenas, criaturas mitad ave, mitad mujer.

Atleta de
Westmacott,
estatua del siglo v

ATLETA IDEAL
Esta estatua es una copia romana de un bronce del famoso escultor griego Policleto. A él le gustaba hacer estatuas de jóvenes atletas desnudos porque estaba interesado en las proporciones ideales y las medidas del cuerpo masculino. En el sitio de Olimpia hay una base de una estatua a la cual puede haber pertenecido la figura griega original, ya que los orificios para los pies en la base son exactamente de la misma forma y tamaño. La base tiene inscrito el nombre de un joven boxeador llamado Kyniskos.

ESPEJITO, ESPEJITO...
Los espejos eran de bronce. Un lado estaba muy pulido, de manera que podías ver tu cara en él. El otro lado estaba decorado, a menudo con una escena mitológica. Éste muestra a la diosa de la belleza, Afrodita, sentada junto al dios Pan, quien era mitad hombre y mitad cabra. Tenía piernas peludas y patas con pezuñas. Alrededor del espejo hay un par de broches (*fibulae*) unidos por una larga cadena de plata trenzada. Puede haberse usado para sujetar una capa.

PERFUMERO
Es probable que esta botella de vidrio muy coloreada se usara para el perfume. La mayor parte de los perfumeros eran de arcilla y se han encontrado cientos de ellos. Los perfumes hechos en Corinto y Rodas se exportaban en las botellas a otros países.

BIEN ACEITADO
En esta pintura de una vasija, un atleta frota la espalda de su amigo con aceite de oliva. Después quita el aceite sobrante con un raspador de bronce curvo.

41

Ropa cómoda

Las vestimentas griegas eran principalmente de lana que daban las ovejas de la región, tejida muy finamente, así que las prendas era más delgadas que la ropa de lana moderna. También se usaba ropa de lino más ligera elaborada con hilo de lino tejido. La gente adinerada compraba caras sedas de Oriente y, en la época helenística, en la isla de Kos se plantaron moreras para fomentar a la industria de la seda. Los colores brillantes eran populares, en especial entre las mujeres. El púrpura se obtenía de caracoles marinos y un matiz violeta provenía de la larva de un insecto llamado quermes. Otros tintes eran vegetales. Quizá los pobres usaban ropa sin teñir. La vestimenta era casi igual par hombres y mujeres, y cambió mu' poco en cientos de años. E atuendo básico era una túnic recta sujeta en los hombros co broches, y una capa encima.

LADY HAMILTON
Sir William Hamilton, embajador británico en Nápoles a fines del siglo XVIII, coleccionaba antigüedades griegas. Su mujer, Emma, a menudo vestía ropa griega.

LOS PEINADOS
Las mujeres griegas (excepto las esclavas) usaban el pelo largo. El estilo de esta mujer estaba de moda en el periodo clásico. El pelo está recogido atrás de la cabeza y se sujeta con una red y unos listones. Las diademas y otros adornos de oro para el pelo se usaban en ocasiones especiales.

LISTO PARA USAR
Se dice que el *chiton* fue inventado en la colonia griega de Jonia. Estaba compuesto de un simple rectángulo de tela, cortado en dos y sujetado a intervalos, desde el cuello hasta los codos, para dar un gracioso efecto de mangas sueltas. Se recogía en la cintura con un cinturón. El *chiton* que se ve aquí está confeccionado en una tela de lana moderna. Tal vez es ligeramente más grueso y más voluminoso de lo que pudo haber sido el material original en el siglo V a. C. Otro tipo primitivo de chiton, a veces llamado *peplos*, es originario de Grecia continental. Se sujetaba con grandes broches en los hombros y no tenía mangas.

Chiton

ENVUELTA
La ropa interior no se ajustaba, pero, como las prendas exteriores, se enrollaba alrededor del cuerpo. En esta vasija, una mujer, que usa una tira de tela como sostén, se pone su chiton por la cabeza.

Chiton

FANTASÍA GRIEGA
Sir Lawrence Alma-Tadema (pág. 30) elegía temas clásicos para sus pinturas. Sin embargo, la arquitectura y las vestimentas frecuentemente se debían más a su imaginacion que a precisiones históricas.

ROPA DE HOMBRE
Este hombre luce una túnica, el *chiton*, y
una capa, el *himation*. Su *chiton* se ha
recogido con un cinturón. Los obreros casi
siempre usaban un *chiton* muy corto para
tener una gran libertad de movimiento.
Encima, este hombre lleva un *himation*
rectangular. Los más jóvenes a veces
usaban sólo el *himation*, el cual se colgaba
sobre un hombro y se enrollaba alrededor
de las caderas. Las prendas griegas no
tenían dobladillos ya que se tejían del
largo adecuado.

ROPA DE FAMILIA
Los niños usaban ropa parecida a la de sus padres,
pero quizá tuviesen túnicas muy cortas, de modo que
pudieran correr fácilmente. Adultos y niños andaban
descalzos en el interior y se ponían sandalias de
cuero con muchas correas cuando salían.

PROTECTOR PARA EL SOL
En el exterior, tanto
hombres como mujeres
usaban sombreros para
protegerse del sol ardiente.
Las mujeres pensaban que
el bronceado era poco
atractivo, y si no tenían un
sombrero se ponían sus
capas sobre la cabeza
para protegerse la cara,
o usaban un velo
llamado *kredemnon*.
Un sombrero de viaje
de ala ancha, como
el que luce aquí esta
elegante y joven
mujer, era conocido
como *petasos*. Estaba
hecho de lana, aunque
también eran comunes los
sombreros de piel de zorro
y de paja. Esta joven lleva
una capa de viaje corta
llamada *chlamys*, sujetada en
el hombro con un alfiler o un broche.

Chiton
de lana

Himation
de lana

43

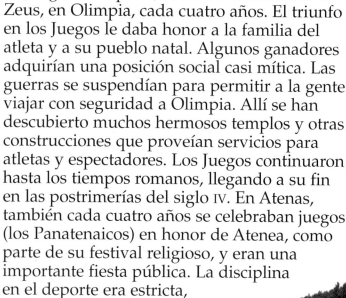

Los juegos griegos

CAMPEONES
Esta estatua de bronce del siglo IV a. C., de un niño jockey y su caballo victorioso, muestra las dificultades de las carreras en la antigua Grecia. Cabalgando a pelo y sin estribos, los jinetes eran, en general, sirvientes de los dueños de los caballos.

LOS GRIEGOS CREÍAN EN EL DEPORTE como entrenamiento para la guerra y para honrar a los dioses. Había muchas competencias deportivas locales, pero cuatro grandes festivales atléticos atraían a hombres de todo el mundo griego. De éstos, los más importantes eran los Juegos Olímpicos, celebrados en honor de Zeus, en Olimpia, cada cuatro años. El triunfo en los Juegos le daba honor a la familia del atleta y a su pueblo natal. Algunos ganadores adquirían una posición social casi mítica. Las guerras se suspendían para permitir a la gente viajar con seguridad a Olimpia. Allí se han descubierto muchos hermosos templos y otras construcciones que proveían servicios para atletas y espectadores. Los Juegos continuaron hasta los tiempos romanos, llegando a su fin en las postrimerías del siglo IV. En Atenas, también cada cuatro años se celebraban juegos (los Panatenaicos) en honor de Atenea, como parte de su festival religioso, y eran una importante fiesta pública. La disciplina en el deporte era estricta, y quien rompía las reglas era castigado.

TIEMPO DE ENTRENAMIENTO
La lucha, aunque popular, se consideraba como uno de los deportes griegos más peligrosos. Estaba permitido tumbar al oponente, pero morderlo o sacarle los ojos estaba estrictamente prohibido. El hombre de la izquierda de esta base de una estatua está en una posición de arrancada en una carrera, y el de la derecha está probando su jabalina.

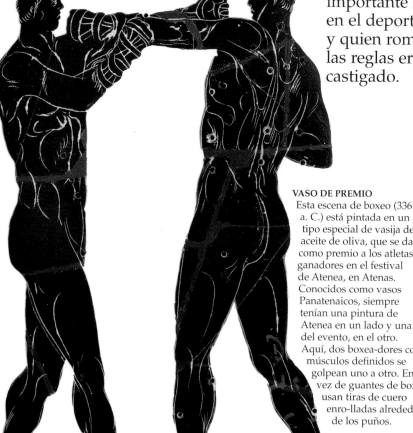

VASO DE PREMIO
Esta escena de boxeo (336 a. C.) está pintada en un tipo especial de vasija de aceite de oliva, que se daba como premio a los atletas ganadores en el festival de Atenea, en Atenas. Conocidos como vasos Panatenaicos, siempre tenían una pintura de Atenea en un lado y una del evento, en el otro. Aquí, dos boxea-dores con músculos definidos se golpean uno a otro. En vez de guantes de box, usan tiras de cuero enro-lladas alrededor de los puños.

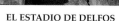

EL ESTADIO DE DELFOS
El estadio en Delfos está en la parte más alta de la antigua ciudad. Se han conservado las piedras que marcaban la ruta, así como muchos de los asientos en especial los de la ladera de la montaña. El estadio podía dar cabida a 7,000 espectadores.

EL ESPÍRITU OLÍMPICO
El espíritu de los Juegos Olímpicos ha inspirado a muchos artistas. Este grabado alemán del siglo XIX retrata a unos atletas desnudos ejercitándose, con un fondo de columnas clásicas.

EL PENTATLÓN
Esta escena muestra a unos atletas
tomando parte en el pentatlón, un
evento que incluía lanzamiento de disco
y jabalina, salto, lucha y carrera. El
hombre de atrás lleva un par de pesas
como la que se muestra abajo.

DISCO DEDICADO
Este disco de bronce fue
hecho en el siglo VI a. C.
La inscripción que tiene
dice que fue lanzado por un
atleta llamado Exoidas, quien
ganó una competencia con él, por
lo que dedicó el disco a Cástor y
Pólux, los hijos gemelos de Zeus. Pólux
era un campeón de lanzamiento de disco.

EL LANZADOR DE DISCO
Esta famosa estatua de mármol de
un lanzador de disco es una copia
del bronce griego original, quizá
obra del renombrado escultor Mirón.

LA ANTORCHA
Un corredor olímpico
lleva la llama olímpica
a los Juegos de Seúl,
en 1988. En los juegos
atenienses, al caer la noche
tenían lugar carreras de
relevo con antorchas. El equipo
ganador encendía un fuego en
el altar de Zeus o de Atenea.

SALTO LARGO
Los atletas tomaban
parte en el salto largo,
usando pesas de piedra
o plomo para saltar.
Este ejemplar romano
tiene estrías que permitían
sujetarlo firmemente.
Cargando las pesas, los
atletas probable-mente
echaban los brazos hacia
atrás para darse mayor
impulso al despegar.

JUEGOS MODERNOS
La tradición olímpica sigue hoy en día. Se
cumple cada cuatro años y se divide entre
juegos de invierno y de verano. Ciudades
de todo el mundo compiten intensamente
para ser sede de los juegos. Se construyen
nuevos estadios olímpicos e instalaciones
para recibir a competidores, medios de
comunicación, turismo, comercio y moneda
extranjera que conlleva la celebración del
máximo evento deportivo mundial.

LA PRIMERA OLIMPIADA MODERNA
Los primeros Juegos Olímpicos modernos
se celebraron en 1896 en Atenas. Fueron
organizados por el barón francés Pierre de
Coubertin, quien se inspiró en los ideales
de los antiguos juegos.

45

Sabiduría y belleza

Para los griegos, la filosofía, o "amor a la sabiduría", abarcaba no sólo el modo de vida de la gente, sino también la ciencia. Los primeros pensadores se interesaban en ideas sobre el mundo físico. Heráclito desarrolló una teoría sobre los átomos y Pitágoras formuló su teorema como parte de su visión de que el mundo se basaba en relaciones matemáticas. Él y sus colegas pensadores, tanto hombres como mujeres, también creían que las almas podían renacer en otros cuerpos (reencarnación); algunos hasta pensaban que los frijoles contenían las almas de viejos amigos y, por lo tanto, no debían comerse. La filosofía y las artes también eran parte de la religión. Los himnos religiosos celebraban el significado y el misterio de la vida y explicaban el origen de los dioses. Los griegos hacían hermosos objetos, tanto para ofrecérselos a los dioses como para su placer. Prosperaron la música, escultura, pintura, cerámica y danza.

ALUMNO REAL
Los filósofos ocupaban centro de la vida griega. Aquí, el filósofo Aristóteles instruye al joven príncipe Alejandro de Macedonia (págs. 62–63

MÚSICA DE FLAUTA
Esta flauta, proveniente de Atenas y hecha con madera de sicomoro, es una de un par; los griegos tocaban juegos de flautas dobles. Originalmente tenían una lengüeta en la boquilla, de manera que deben haber sonado un poco como un moderno oboe.

AMPLIFI-CADOR ANIMAL
La tortuga europea alguna vez abundó en Grecia, y su concha vacía era una excelente caja de resonancia para el instrumento de cuerda llamado lira. Sus cuerdas, pulsadas con un plectro, se tensaban para producir varias notas.

PINTOR DE VASOS
La decoración de vasos estaba considerada como un arte menor, pero el trabajo del ceramista y pintor Exekias era de muy alta calidad. Esta copa para beber, exquisitamente pintada, muestra al dios Dioniso reclinado en un bote, con su planta favorita, la vid, enroscada alrededor del mástil. Se creía que el dios, como la vid, había llegado del Oriente. Los delfines pueden ser los piratas que trataron de capturarlo, ahora convertidos en criaturas marinas.

Pitágoras sosteniendo el cosmos

LA CLAVE DEL COSMOS
Pitágoras (*c*. 580-500 a. C.), originario de la isla de Samos, era la luz conductora de un grupo de pensadores religiosos en el sur de Italia. Ellos creían que la clave del mundo (cosmos) estaba en los números y las relaciones matemáticas.

VIENDO A LOS OJOS

En la antigua Grecia, el ojo era un símbolo importante. Le daba vida y poder a los objetos. La estatuas tenían ojos pintados; los ojos al frente de los navíos los guiaban mágicamente. Esta copa con ojos, del siglo VI a. C., mezcla los elementos de una cara con diseños encontrados en muchas copas de vino. Las cejas se imitan con largas hileras de hiedra, planta asociada con Dioniso. Un par de sus amigos sátiros escapan a los lados de la copa.

Los ojos mismos tienen círculos perfectamente formados, tallados con la precisión de un compás.

La copa no tiene una base plana y es probable que circulara de mano en mano

MUERTE POR CICUTA

Las enseñanzas de Sócrates eran tan sorprendentes, hasta para los muy tolerantes atenienses, que algunas personas empezaron a sospechar de él. Fue acusado de corromper la mente de los jóvenes y de no mostrar respeto por los dioses. Fue encarcelado y obligado a suicidarse envenenándose con cicuta.

PADRES FUNDADORES

Codo con codo, con gesto orgulloso, los filósofos Aristóteles (384-322 a. C.) y Platón (427-347 a. C.) están recortados contra el cielo, cada uno sosteniendo en sus manos uno de sus principales libros.

El artista italiano Rafael (1483-1520), los pintó justo en el centro de su fresco, en el muro de una gran sala en el Vaticano, a comienzos del siglo XVI.

PALABRA HABLADA

Si bien Sócrates (469-399 a. C.) es uno de los filósofos más famosos de la antigua Grecia, no produjo escritos filosóficos. Él exploró la filosofía mediante intensas discusiones, a veces pretendiendo ignorar un tema, a fin de permitir a sus oponentes des-truir, involuntariamente, sus propios argumentos. En esta estatua de mármol, Sócrates tiene el pecho desnudo; a menudo, los filósofos se representaban vestidos de esta manera.

PLATÓN Y SUS DISCÍPULOS

Los filósofos destacados atraían a grupos de alumnos, y muchas enseñanzas se impartían en grupos de discusión. Platón fundó una escuela para filósofos en Atenas, su ciudad natal, en un agradable jardín llamado la Academia. Platón redactó muchas ideas de Sócrates en forma de "diálogos" o discusiones entre alumnos y maestros.

Vasos y vasijas

LA MEJOR CERÁMICA GRIEGA se hacía en Atenas. Allí hay una arcilla de gran calidad que cocida tomaba un hermoso color café rojizo. Los alfareros atenienses trabajaban en lugares llamados *Kerameikos*. Producían grandes cantidades de cerámica torneada para uso doméstico y para exportación. En los vasos pintados hay varios estilos de decoración. Entre 1000 y 700 a. C. estaban de moda los diseños geométricos. Poco a poco, alrededor de 720 a. C., se pusieron de moda motivos orientales. La técnica de figuras negras –siluetas negras pintadas en una solución de arcilla muy refinada sobre un fondo de arcilla rojiza– era la principal forma de decoración de vasijas desde principios hasta mediados del siglo VI a. C. Los detalles interiores se grababan con una herramienta de hueso o de metal. Tras 500 a. C. apareció la técnica de figuras rojas. Las figuras de dioses y animales se hacían ahora en arcilla café rojiza; en cambio, el fondo se pintaba con una solución de arcilla que, al cocerse, se ponía negra. Se conservan muchos vasos en excelentes condiciones.

Vaso con figuras negras

HORA DE BEB
Las copas especiales para beber con forma cabezas de animales eran muy populares. te ritón, con un grifo de aspecto amenazad es un buen ejemplo. El vino se derramaba el ritón se posaba, de modo que, quizá, pasaba de mano en mano hasta acabar

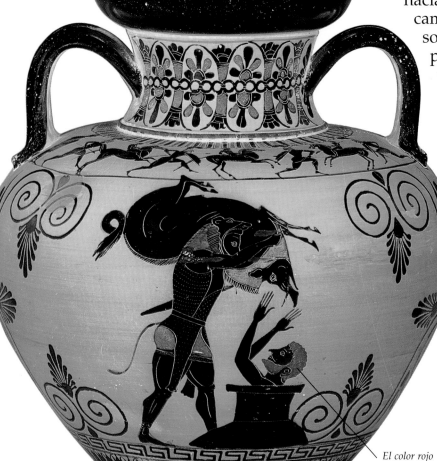

¡QUÉ JABALÍ!
Las historias de los 12 trabajos de Heracles a menudo aparecen en vasos (págs. 22-23). En esta vasija con figuras negras, Heracles carga al jabalí de Erimanto sobre el rey Euristeo, quien se esconde en una vasija.

El color rojo púrpura es una mezcla de una solución de arcilla negra y un óxido de hierro rojo

Pico de trébol

EL PRIMER TRAGO
Esta vasija de vino en miniatura es un *chous*. Muestra a dos niños en la escuela, uno leyendo un rol de papiro y el otro sosteniend una lira. La vasija puede haber sido llenada con vino entregada a un niñ pequeño como un regalo especial en el festival de Dioniso, dios del vino.

DE COLECCIÓN
En esta viñeta de prin-cipios del siglo XIX se ve a sir William Hamilton (págs. 42-43), caricaturizado como una vasija para agua (*hydria*). El era u experto y coleccionist de arte griego, en especial de vasos.

VASOS ENTERRADOS
En este grabado, sir William supervisa la apertura de una tumba en Italia. El esqueleto está rodeado de vasos exportados de Atenas.

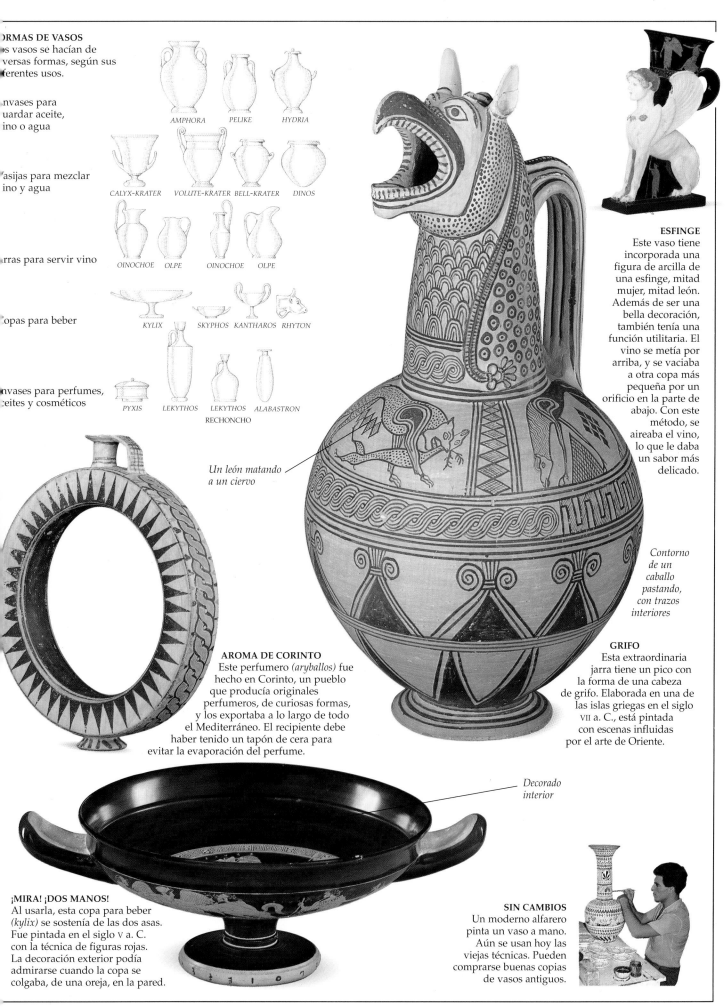

FORMAS DE VASOS
Los vasos se hacían de diversas formas, según sus diferentes usos.

Envases para guardar aceite, vino o agua

AMPHORA PELIKE HYDRIA

Vasijas para mezclar vino y agua

CALYX-KRATER VOLUTE-KRATER BELL-KRATER DINOS

Jarras para servir vino

OINOCHOE OLPE OINOCHOE OLPE

Copas para beber

KYLIX SKYPHOS KANTHAROS RHYTON

Envases para perfumes, aceites y cosméticos

PYXIS LEKYTHOS LEKYTHOS RECHONCHO ALABASTRON

Un león matando a un ciervo

ESFINGE
Este vaso tiene incorporada una figura de arcilla de una esfinge, mitad mujer, mitad león. Además de ser una bella decoración, también tenía una función utilitaria. El vino se metía por arriba, y se vaciaba a otra copa más pequeña por un orificio en la parte de abajo. Con este método, se aireaba el vino, lo que le daba un sabor más delicado.

Contorno de un caballo pastando, con trazos interiores

AROMA DE CORINTO
Este perfumero (aryballos) fue hecho en Corinto, un pueblo que producía originales perfumeros, de curiosas formas, y los exportaba a lo largo de todo el Mediterráneo. El recipiente debe haber tenido un tapón de cera para evitar la evaporación del perfume.

GRIFO
Esta extraordinaria jarra tiene un pico con la forma de una cabeza de grifo. Elaborada en una de las islas griegas en el siglo VII a. C., está pintada con escenas influidas por el arte de Oriente.

Decorado interior

¡MIRA! ¡DOS MANOS!
Al usarla, esta copa para beber (kylix) se sostenía de las dos asas. Fue pintada en el siglo V a. C. con la técnica de figuras rojas. La decoración exterior podía admirarse cuando la copa se colgaba, de una oreja, en la pared.

SIN CAMBIOS
Un moderno alfarero pinta un vaso a mano. Aún se usan hoy las viejas técnicas. Pueden comprarse buenas copias de vasos antiguos.

Cultivo, pesca y alimentos

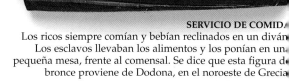

La VIDA AGRÍCOLA ERA DIFÍCIL porque, en gran parte de Grecia, la tierra era pobre. Los agricultores araban en primavera y en otoño. Los arados, jalados por bueyes, eran de madera y a veces tenían bordes de hierro para hacerlos más afilados. El campesino seguía al arado, esparciendo con la mano la semilla, por ejemplo, cebada. Los agricultores rogaban a Zeus y a Deméter, la diosa del grano, una excelente cosecha. En las laderas de las colinas había viñedos y algunas uvas escogidas se secaban al sol. Otras se recogían para hacer vino, la bebida más popular. La mayoría de las ciudades y pueblos estaban cerca del mar, y se pescaban diversos peces con anzuelos de bronce. Los ricos cazaban ciervos salvajes, jabalíes y liebres. Los pobres comían carne sólo cuando se sacrificaban animales en honor de los dioses y se repartían entre los devotos.

SERVICIO DE COMIDA
Los ricos siempre comían y bebían reclinados en un diván. Los esclavos llevaban los alimentos y los ponían en una pequeña mesa, frente al comensal. Se dice que esta figura de bronce proviene de Dodona, en el noroeste de Grecia.

TIEMPO DETENIDO
Este pastor y su rebaño regresan a casa por la noche; lucen igual a como deben haberse visto en la antigüedad.

CACERÍA Y PESCA
Este fresco de un pescador de la Edad de Bronce proviene de Santorini, una isla volcánica cerca de Creta. Quizá lleva el pescado como un regalo al palacio. El cazador (un vaso pintado) lleva un zorro y una liebre, mientras su perro de caza corre junto a él. El zorro no se comía, pero con su piel se podía hacer un abrigador sombrero.

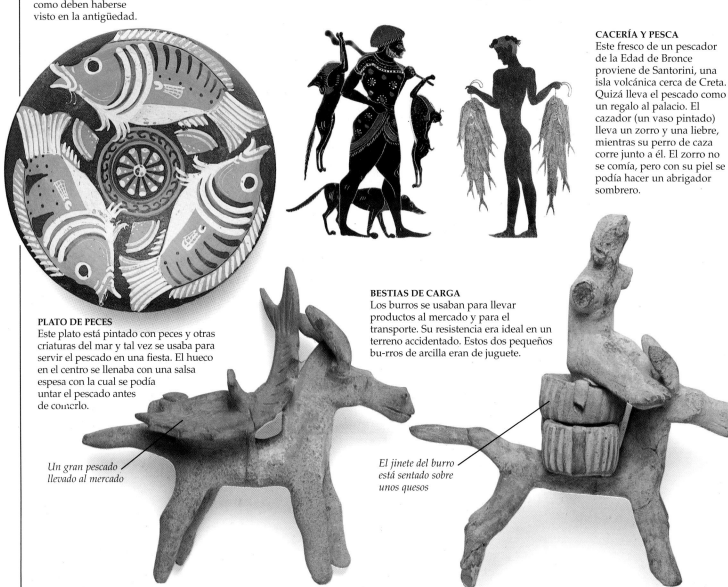

PLATO DE PECES
Este plato está pintado con peces y otras criaturas del mar y tal vez se usaba para servir el pescado en una fiesta. El hueco en el centro se llenaba con una salsa espesa con la cual se podía untar el pescado antes de comerlo.

BESTIAS DE CARGA
Los burros se usaban para llevar productos al mercado y para el transporte. Su resistencia era ideal en un terreno accidentado. Estos dos pequeños bu-rros de arcilla eran de juguete.

Un gran pescado llevado al mercado

El jinete del burro está sentado sobre unos quesos

Una cabeza de pato decora el extremo del colador

NADANDO EN ACEITE
Este pequeño delfín deslizándose sobre las olas es un envase para el aceite, usado para preparar alimentos. Los delfines eran comunes en las costas de Grecia.

COSECHA DE ACEITUNAS
Los olivos crecían en abundancia en Grecia. En este vaso, cuatro personas cosechan aceitunas. Una está arriba del árbol, dos remecen las ramas con un palo y, abajo en el suelo, otra está recogiendo en un canasto las aceitunas caídas.

ACEITE DE ÁTICA
Ática, región alrededor de Atenas, era famosa por sus huertos de olivos. El aceite de oliva se usaba para cocinar, limpiar e iluminar.

NO FINO
 vino era la bebida griega
ás popular y se tomaba a
da hora. Era más bien
peso, necesitaba colarse,
casi siempre se diluía con
ua. Este colador de vino
 de bronce. Se usaban
uchos tipos diferentes
 utensilios y envases
ra guardar, servir y
ber el vino.

Un caracol fosilizado en un huevo

La borra se juntaba en el fondo del colador

COPA CON HUEVOS
En una tumba de la isla de Rodas se encontraron cinco huevos de gallina en una copa de terracota. Tienen más de 2,000 años de antigüedad. Muchas amas de casa criaban gallinas, y los huevos eran parte importante de la dieta diaria. Las ofrendas funerarias de huevos, tanto naturales, como éstos, o imitaciones de piedra o arcilla, eran comunes en las tumbas griegas. Parece que simbolizaban la vida después de la muerte.

ABRA PARA TODAS LAS ESTACIONES
s cabras eran muy útiles. Sólo
querían terreno para pastar y sus
eles proveían de ropa abrigadora en
vierno; también daban leche y queso.
ta pequeña cabra de bronce
hizo alrededor
500 a. C.

Artesanías, viajes y comercio

En LAS CIUDADES DE GRECIA prosperaron escultores, orfebres, joyeros, zapateros y muchos otros artesanos. Por lo general, sus talleres estaban en el centro, alrededor del ágora, o mercado. La gente podía ir a comprar sus productos, y los agricultores del campo podían vender sus verduras, frutas y quesos. También había funcionarios encargados de los pesos y medidas, cambistas, acróbatas, bailarines y esclavos parados sobre plataformas esperando un comprador. La mayoría de la gente común no viajaba lejos de su hogar (excepto a la guerra). Existían pocos caminos buenos y el fiel burro era el medio de transporte más con-fiable para viajes cortos. Si un griego quería viajar lejos, generalmente debía ir en barco cerca de la costa, con lo cual evitaba las montañas que cubrían gran parte del territorio. Existía mucho comercio entre las ciudades estado y las colonias griegas, al igual que con otros pueblos del Mediterráneo. Las principales exportaciones eran de aceite, vino, cerámica y trabajos en metal.

LABOR DE PESCADOR
Hoy, la pesca representa un medio de subsistencia para muchos griegos, como sucedía en los tiempos antiguos. Un moderno pescador en la isla de Míkonos repara sus redes.

EL TESORO DEL TEMPLO
Esta jarra de arcilla con monedas fue hallada en los cimientos del templo de Artemisa, en Éfeso. Las monedas, hechas de electro, probablemente datan de 650-625 a. C. Poco después, la acuñación se introdujo en Gre-cia desde Lidia, en Asia Menor (más o menos, la actual Turquía), donde se inventaron las monedas.

Moneda con el bebé Heracles estrangulando serpientes

TRES MONEDAS
Como símbolo de independencia, cada ciudad estado emitía sus propias monedas, que al principio eran de electro (aleación de oro y plata), y luego sólo de plata, o a veces de oro. A menudo eran muy bellas, decoradas con los símbolos de las deidades griegas. Muchas monedas modernas se han modelado a partir de las antiguas.

Moneda que muestra a Ciro, rey de Persia

Una moneda tortuga proveniente de la isla de Egina

EN ÁFRICA
Esta vasija con la forma de la cabeza de un africano es una prueba de los extendidos contactos comerciales de los griegos. Como la mayoría de los antiguos marinos, preferían mantener la costa al alcance de la vista, donde fuera posible.

BESTIAS DE CARGA
Los burros podían salvar estrechos senderos montañosos y llevar pesadas cargas. Aún hoy en día lo hacen.

ZAPATERO REMENDÓN
Este zapatero está pintado en el fondo de una copa con figuras rojas. Está inclinado sobre unas tiras de cuero que está cortando y dándoles forma. Colgadas en la pared, arriba de él, hay botas, sandalias y herramientas. Esta escena la podía ver el bebedor al vaciar completamente su copa.

EN EL TELAR
En la época clásica, las mujeres usaban telares verticales, igual que éste que se emplea en la actualidad para elaborar prendas de lana, adornos y telas para muebles. Tejer se consideraba una tarea noble, así como necesaria.

HERRERO
Esta pintura en una jarra muestra a un herrero trabajando. Su horno es de ladrillos alimentado con carbón. El fuelle debe haberse usado para avivar las llamas. El metal, que se ponía dentro de la chimenea, escurría hacia abajo en forma de bola. Aquí, el herrero lo está removiendo con un par de tenazas.

ALFARERO
Los griegos eran famosos por su hermosa cerámica. Cada ciudad tenía sus talleres de alfarería (págs. 48-49) donde se elaboraban y se vendían ollas. En esta copa para vino, un alfarero está sentado en su torno, cuya velocidad controla con su rodilla. Encima de él, sobre una repisa hay algunas de sus vasijas, y abajo de él (ahora un poco dañado) está sentado un perro que está viendo trabajar a su amo.

PESCA PROFUNDA
En las aguas profundas hay una gran variedad de peces. Embarcaciones de madera, como ésta moderna, se usaban para las expediciones pesqueras. Las anguilas y el pescado salado eran de las exquisiteces griegas favoritas.

Guerra

ESCUDADO
En este vaso se ve cómo el soldado portaba su escudo, pasando su brazo debajo de una barra de hierro y agarrando una correa de piel en el borde.

La GUERRA ERA normal en la vida griega, y las ciudades estado peleaban entre sí a menudo. Por ello, muchos hombres tenían que alistarse en el ejército y pagar su propia armadura y equipo. En Atenas, los jóvenes se entrenaban como soldados entre los 18 y 20 años; luego podían ser llamados al servicio militar. En Esparta, eso sucedía mucho antes (págs. 56-57). Los soldados atenienses tenían 10 comandantes, o *strategoi*. La infantería era la columna vertebral del ejército y peleaba en formaciones cerradas llamadas falanges. Los soldados más pobres eran arqueros y honderos en unidades auxiliares. En un sitio, los ejércitos de la Grecia helenística usaban catapultas, lanzallamas, arietes y calderos con carbón ardiente y azufre. Atenas controlaba su imperio con naves de guerra de remos, o trirremes; en su máximo poderío, tenía 300.

Yelmo con protector nasal

Armadura

Grebas

HOPLITA
Los soldados griegos eran llamados hoplitas, por la palabra *hoplon*, que significa "escudo". Sólo los hombres de familia rica podían ser hoplitas, pues únicamente ellos podían permitirse armas y armaduras caras.

BESTIAS VELOCES
Los carros griegos a veces se decoraban con animales veloces. Estos caballos de bronce alguna vez estuvieron fijados a un carro veloz.

BATALLA DE SALAMINA
La batalla de Salamina fue un momento decisivo en las Guerras Persas (págs. 18-19). Tuvo lugar justo frente a las costas de Atenas, en 480 a. C., y significó una triunfal victoria para los griegos sobre la flota persa. Como resultado de esta batalla, el rey persa Jerjes y la mayor parte de su ejército regresaron a Asia, abandonando la invasión a Grecia.

VALENTÍA DESNUDA
En esta escena pintada en un vaso, un guerrero sostiene una coraza de metal (armadura). También tiene una larga lanza y un escudo. En el arte griego, la desnudez es símbolo de valentía heroica.

COMBATE A PIE
Un vaso pintado muestra a
dos combatientes griegos
separados por un heraldo.

YELMOS
Los yelmos protegían
la cabeza de todo tipo
de heridas y golpes.
Eran de variadas
formas y algunos
tenían penachos de crin,
para ha-cer que quien lo
llevara se viera más
im-presionante
y aterrador.

El yelmo ateniense no
tenía protector nasal

Yelmo corintio con
un largo nasal y
protectores de mejillas

PETO
El peto, o coraza, por lo general estaba
hecho de bronce, aunque no siempre.
Era la pieza más importante de la
armadura para el cuerpo, y
protegía todos los órganos
superiores. Las corazas se hacían
a la medida, ajustadas en especial
para cada hombre. Las más caras
podían tener protuberancias, más
o menos ajustadas a los músculos
del cuerpo, cuyo propósito era
desviar los golpes. La coraza estaba
hecha de dos placas unidas a los
lados por tiras de cuero. Por lo
tanto, los costados del cuerpo
eran las partes más vulnerables.

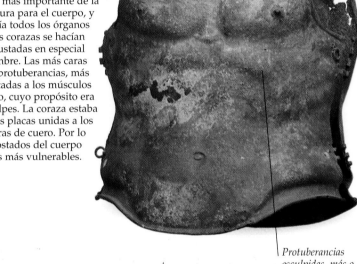

*Protuberancias
esculpidas, más o
menos ajustadas a los
músculos del pecho*

GREBAS
Los hoplitas usaban protectores de
bronce para las piernas, llamados
grebas (ab.), para cubrir la parte
baja de las piernas. Originalmente,
estas piezas tal vez estaban fijadas
a grandes estatuas de heroicos
guerreros, en el sur de Italia.

NAVE DE GUERRA
La embarcación griega más rápida era el trirreme y lo impulsaban 170 remeros. Éstos iban
sentados en tres niveles superpuestos, a ambos costados del barco. En la proa había un
agudo espolón reforzado con metal, que podía hundir naves enemigas. A menudo tenían
un ojo pintado en la proa (págs. 46-47). En esta ilustración se ven dos velas, pero los navíos
de guerra quizá tenían sólo una, de lino, que se bajaba cuando el barco entraba en batalla.

*La lanza larga
era la principal
arma del ejército
griego*

PELEA DE CAMPEONES
Este vaso con figuras rojas muestra una
pelea entre dos héroes de la guerra de
Troya, Aquiles y Héctor (págs. 12-13). El
pintor del vaso ha pintado claramente
la sangre que fluye de la herida justo
encima de la rodilla de Héctor. Ambos
héroes llevan yelmos con penachos
y armaduras que usaban los soldados
de infantería del siglo v a. C.

El estado de Esparta

Esparta, en el sur de Grecia, se fundó en el siglo X a. C. por los dorios, que vencieron a los habitantes de la región. Dos siglos más tarde, Esparta conquistó a su vecino, Mesenia, y ganó una excelente tierra de cultivo. Se volvió un estado amante del lujo, que producía finas artesanías. Florecieron la música y la poesía. Luego los espartanos fueron derrotados en la guerra, y los mesenios se rebelaron, por lo que Esparta retornó a los asuntos militares. Se volvió una superpotencia en Grecia y el principal rival de Atenas, y la sociedad espartana fue dominada por la necesidad de conservar el poder. Todos los espartanos de nacimiento tenían que servir en el ejército. Su vida entera se dedicaba a aprender las artes de la guerra. Los niños de siete años eran sacados de su hogar para vivir en cuarteles militares. Quienes no eran ciudadanos de Esparta eran *perioikoi* o *helots*. Los *perioikoi* eran hombres libres que no tenían derechos ciudadanos, pero podían comerciar y servir en el ejército. Los *helots*, descendientes de los habitantes de la región, cultivaban la tierra y hacían el trabajo pesado.

BATALLA EN EL PUERTO
El Pireo es el puerto de Atenas, a 4 millas (6 km) al suroeste de la ciudad. En este grabado es sitiado por naves espartanas, en 388 a. C.

PROTECCIÓN NATURAL
Este grabado alemán del siglo XIX muestra la ubicación de Esparta, en una fértil llanura de Laconia, en el sur de Grecia. Su lejanía era una ventaja para los belicosos espartanos, y las altas montañas al este, norte y oeste, y el mar al sur, formaban defensas naturales.

GUERRERO ESPARTANO
El historiador griego Herodoto escribió que los soldados espartanos, como éste del siglo V a. C., siempre peinaban su largo cabello cuando sentían que estaban a punto de arriesgar sus vidas, como cuando iban a la batalla. El color escarlata de las capas militares se volvió un símbolo del orgullo espartano.

LOS JÓVENES ESPARTANOS
Las escenas espartanas fueron un tema popular entre los artistas del siglo XIX. Esta singular pintura del impresionista francés Edgar Degas (1834-1917) muestra a niños y niñas ejercitándose en el valle del río Eurotas, que corre a través de Esparta. Las chicas parecen mucho más agresivas que las niñas de otras ciudades griegas.

RÉGIMEN ESPARTANO
El sistema de educación espartano, con su énfasis en las buenas condiciones físicas, era muy admirado en la Inglaterra victoriana del siglo XIX. El castigo corporal también se consideraba como formador de carácter para los alumnos, tal como lo era en la antigua Esparta. La violencia de este cartón del caricaturista inglés George Cruikshank (1792-1878) sugiere que él pensaba lo contrario.

OFRENDAS

En el santuario de Artemisa Orthia, a orillas del río Eurotas, en Esparta, se han encontrado cientos de miles de pequeñas figurillas. Entre animales como ciervos, perros y caballos hay representaciones de Artemisa misma. También hay estatuillas de la diosa Atenea luciendo un yelmo. Las figurillas se hacían en el santuario y se vendían a los visitantes, quienes a menudo las dejaban como ofrendas a la diosa. Era en este santuario donde los niños espartanos eran tomados para ser azotados, como una demostración de su dureza y resistencia.

Artemisa

Guerrero

Artemisa

Figura tocando unas flautas

EN LA PUNTA

Esta niña está participando en una carrera y mira hacia atrás para ver cuánta ventaja lleva. Luce una falda muy corta, que ninguna niña, de ninguna otra ciudad griega, se atrevía a usar. Las niñas, como la mayoría de los niños, eran entrenadas para correr y para una vida al aire libre. Esto les daba una buena condición física, de modo que podían tener bebés sanos, los cuales serían buenos soldados.

Ciervo

Ciencia y medicina

LOS GRIEGOS ESTABAN INTERESADOS en la ciencia e, influidos por los sabios egipcios y babilonios, hicieron avances en biología, matemáticas, astronomía y geografía. En el siglo III a. C., el astrónomo Aristarco ya creía que la Tierra giraba alrededor del Sol, y otro astrónomo, Anaxágoras (500-428 a. C.), descubrió que la Luna reflejaba la luz solar. La mayor parte de los trabajos científicos tuvo lugar en la época helenística (págs. 62-63). La medicina era un campo importante de la ciencia. Los griegos creían que la enfermedad era un castigo enviado por los dioses, a los cuales les rogaban para sanar. Se fundaron santuarios del dios Asclepio (el dios de la medicina) en todo el mundo griego. El más famoso estaba en Epidauro. Mucha gente enferma iba allí y pasaba la noche en el templo. Creían que Asclepio se les aparecería en "sueños" para recetarles tratamientos, como remedios herbales, dietas y ejercicios. Al día siguiente, los sacerdotes realizaban el tratamiento y mucha gente se iba curada. Los griegos desarrollaron tratamientos médicos complejos para todo tipo de enfermedades. Estos métodos, basados en investigación práctica, eran resultado del culto a Asclepio y fueron puestos en práctica por Hipócrates (460-377 a. C.), a quien a menudo se le describe como el padre de la medicina moderna.

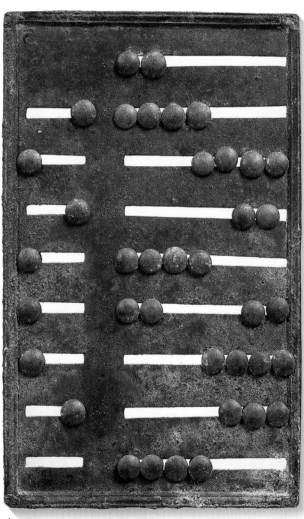

ASCLEPÍADES
Asclepíades fue un famoso médico griego del siglo I a. C. Él era gran conocedor de la teoría y la práctica de la medicina. Además creía en el vino como una ayuda para la mejoría y en la importancia de un trato atento y gentil, de manera que era muy popular entre todos sus pacientes.

ÁBACO
Los griegos usaban un armazón, llamado *ábaco*, para los cálculos matemáticos. Tenía cuentas ensartadas en alambres. Algunos tramos tenían bolitas que contaban como 1, otras tenían el valor de 10 y, otras, de 100. Moviendo las cuentas, se podían realizar complicadas multiplicaciones y divisiones.

TODO SE SUMA
Este grabado de la *Margarita Philosophica,* de 1496, muestra al filósofo romano Boecio (480-524 d. C.) haciendo cálculos matemáticos, y al matemático griego Pitágoras (págs. 46-47) trabajando en un ábaco. La mujer en el centro es, probablemente, una musa del saber.

TEMPLO DE ASCLEPIO
En este grabado se ve a la gente acercándose a una estatua del dios Asclepio. Él está sentado en un trono y sostiene su bas-tón con una serpiente enrollada. Una ser-piente verdadera, considerada sagrada y criada en todos los templos de Asclepio, se puede ver deslizándose por el plinto.

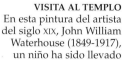

VISITA AL TEMPLO
En esta pintura del artista del siglo XIX, John William Waterhouse (1849-1917), un niño ha sido llevado por su madre al templo de Asclepio. Los sacerdotes del dios están de pie alrededor, esperando para interpretar sus deseos.

AGRADECIMIENTOS

Los pacientes curados por Asclepio a menudo dejaban un modelo de la parte de su cuerpo afectada por la enfermedad, como ofrenda de agradecimiento al dios por haberlos sanado. Este relieve de mármol de una pierna tiene una inscripción a Asclepio y está dedicada por un adorador llamado Tyche.

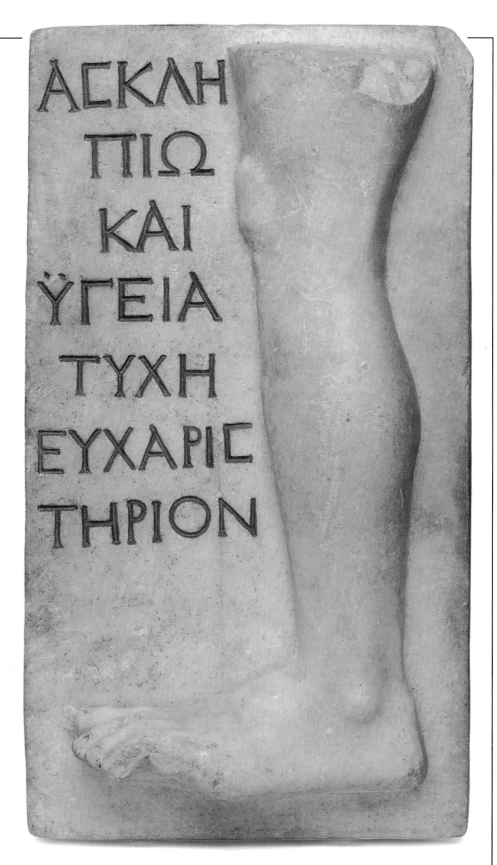

HIPÓCRATES

El famoso médico Hipócrates nació en la isla de Kos. Escribió 53 libros científicos sobre temas médicos, conocidos actualmente como el *Corpus*. Él creía que el cuerpo humano era un organismo único y cada parte sólo se podía entender en el contexto del conjunto. Los médicos mo-dernos aún hacen el Juramento Hipocrático, que es la base de la ética médica.

MODELOS MODERNOS

La práctica de dejar un modelo de la parte del cuerpo afectada como una ofrenda de agradecimiento, aún se mantiene en iglesias de algunos países. Estos ejemplos modernos provienen de Atenas.

RECUERDOS

Estos modernos recuerdos de plata también son agradecimientos por las curas. Los animales indican que la gente creía que ellos también podían sa-nar con la ayuda de ofrendas.

La muerte y el más allá

En TIEMPOS ANTIGUOS, la muerte llegaba prematuramente para la mayoría de la gente, porque la vida era muy dura. Los hombres jóvenes a menudo morían en batalla, y las mujeres jóvenes en el parto. Los griegos creían, o esperaban, algún tipo de vida después de la muerte, aunque sus ideas acerca de este estado variaban. En general, creían que el reino de la muerte estaba en lo profundo de la tierra, y debido a eso mucha gente era enterrada. Pero a veces los cuerpos se cremaban en una pira funeraria. El alma se representaba como una diminuta persona alada, y algunos griegos creían que escapaba del cuerpo y se elevaba para convertirse en una estrella, a la espera de poder renacer en un nuevo cuerpo. Los dioses, como Dioniso, quien, igual que la vid que él protegía, moría y renacía cada año, le daban a la gente esperanza de una nueva vida. La diosa del grano, Deméter, cuya hija Perséfone fue raptada por Hades, el dios de los infiernos, también pedía que su hija regresara parte del año (en primavera y verano). Las tumbas se decoraban con imágenes de fiestas y de las cosas favoritas de la persona muerta, y se ponía comida, de modo que fuera feliz en la otra vida.

EL CLAVADISTA
Esta pintura fue hallada en el interior de un sarcófago de piedra (ataúd) encontrado en Poseidonia, una ciudad griega en el sur de Ita más tarde llamada Paestum. Tal vez represen el salto del muerto a lo desconocido.

FRASCO DEL ADIÓS
Las ofrendas a la muerte incluían unos frascos angostos conocidos como *lekythoi*, que contenían aceite para ungir el cuerpo. Estaban decorados con escenas de despedida pintadas delicadamente. Este guerrero muerto, quizá en alguna de las muchas guerras en la Grecia del siglo v, recibe su yelmo de una mujer. El ganso a sus pies, el ave de Afrodita (págs. 20-21), alude a su relación.

PAGO PARA EL BARQUERO

Caronte era el siniestro barquero que cruzaba a la gente por las oscuras aguas del río Estigia hasta el reino de la muerte. En esta pintura de John Stanhope (págs. 12-13), el otro mundo es un lugar tenebroso con cañaverales y árboles altos entre los cuales pueden verse las almas muertas en su camino por el río. El viaje sin regreso en la barca de Caronte costaba un óbolo. La familia del muerto a veces dejaba una moneda sobre el difunto, para el viaje.

LA ENTRADA AL HADES

La gente antigua creía que ciertos lugares podían ser la entrada al otro mundo. Muchos griegos se establecieron cerca de Solfatara, en el sur de Italia, donde el humeante lago de aguas sulfurosas hizo pensar que era el sitio indicado.

LA MUERTE ANTES QUE LA DESHONRA

Tras la muerte de Aquiles, el gran guerrero Áyax no pudo convertirse en el campeón de los griegos que peleaban en Troya. No podía vivir con la vergüenza, así que se suicidó dejándose caer sobre su espada. Este famoso incidente de la guerra de Troya se ve a menudo en vasijas pintadas y también es tema de una obra de Sófocles (págs. 38-39).

LÁPIDA

En Atenas, en ciertos periodos, las lápidas, talladas en mármol y pintadas originalmente con brillantes colores, se colocaban encima de las tumbas. Arriba de la escultura de la persona muerta, las líneas inclinadas de un techo sugerían un templo. Aquí, el hombre muerto, Xanthippos, está sentado en una elegante silla cur-va, y su hijo, más pqueño, está junto a él. Su nombre está grabado arriba de él. No se sabe realmente por qué sostiene un pie, pero tal vez era zapatero.

DE DUELO

Un funeral griego era un suceso dramático. El cuerpo yacía en un diván, con los pies hacia la puerta, para asegurar que el espíritu podía partir. En la cabeza se le ponía una guirnalda. Una procesión de dolien-tes, con ropa negra, escolta el cadáver. Las mujeres se cortaban su largo cabello como señal de aflicción y le daban un mechón a la persona muerta. También se pegaban en las mejillas hasta sangrar.

Alejandro y la era helenística

EN EL SIGLO VI A. C., un rey fuerte llamado Filipo II transformó Macedonia, en el norte, en el estado más poderoso de Grecia. Tras su asesinato, en 337 a. C., su hijo Alejandro, un genio militar de 20 años de edad, tomó el poder. No contento con gobernar Grecia, invadió el territorio persa, en 334 a. C., y después avanzó por Asia Menor, luego por el sur y el este a Egipto, Afganistán e India. Estableció nuevas ciudades griegas, como Alejandría en Egipto, y así expandió la cultura griega en una vasta región. Alejandro, llamado el Grande o Magno, se propuso crear un enorme imperio, incorporando la mayor parte del mundo conocido hasta entonces. Su muerte, a causa de una fiebre, en 323 a. C., puso fin a su ambición. Su vasto imperio se dividió entre sus pendencieros generales. La época desde la muerte de Alejandro hasta alrededor de 30 a. C. se conoce como *periodo helenístico*, de la palabra "heleno" que significa "griego". Los reinos helenísticos conservaron muchos aspectos de la vida griega, pero al fin fueron vencidos por el creciente poderío de Roma.

EXCAVACIÓN EN ÉFESO
Éfeso era una fecunda ciudad en la costa de Asia Menor, donde griegos y gente de muchas otras nacionalidades vivían juntos. La ciudad y su famoso santuario, dedicado a la diosa Artemisa, prosperó en el periodo helenístico y durante todo el periodo romano.

UN HOMBRE Y SU PERRO
Este hermoso anillo del periodo helenístico está decorado con una escena de un pastor con su perro y su cayado.

AFRODITA
Las figurillas de terracota de Afrodita, diosa del amor y la belleza, eran populares en los tiempos helenísticos. Casi siempre aparece desnuda, a veces con una cinta amarrada en el pelo; otras, inclinándose para atar su sandalia.

Ruinas en Pérgamo

CIUDAD PLANEADA
Pérgamo, una ciudad helenística en Asia Menor, era la base de poder de la rica dinastía Atálida. Las ruinas de templos y otras opulentas construcciones civiles aún pueden verse en las terrazas cortadas en el sitio, en la empinada montaña. La gente de Pérgamo debe haber disfrutado de espectaculares vistas de la campiña circundante.

Ruinas en Pérgamo

TIARA DE EROS
Las tropas de Alejandro capturaron una gran cantidad de oro persa, y las joyas de oro se pusieron muy de moda en los círculos aristocráticos. Se han encontrado elaboradas diademas, muy parecidas a las coronas. Pegada en el frente de este espectacular modelo hay una diminuta figura de Eros, la personificación del amor, agarrando una jarra.

EL IMPERIO DE ALEJANDRO

Alejandro no sólo quería formar un imperio, también quería que perdurara. Para detener la rebelión y la invasión de los pueblos conquistados, fundó muchas colonias habitadas por sus propios antiguos soldados que seguían el estilo de vida griego. En general, trataba a los pueblos conquistados con respeto y alentaba a sus hombres a casarse con mujeres orientales. Sus conquistas llegaron a su fin en India porque sus hombres se negaron a pelear más lejos.

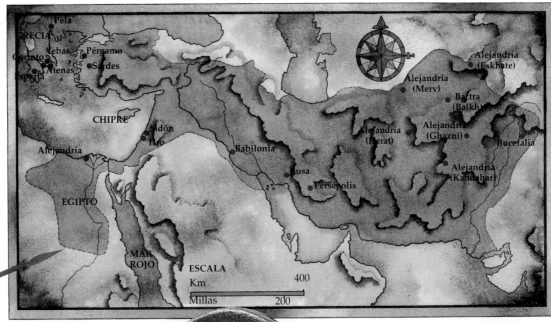

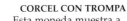

Richard Burton en el filme *Alejandro Magno*, de 1956

CORCEL CON TROMPA

Esta moneda muestra a Alejandro a caballo atacando a dos guerreros indios montados en un elefante. Se cree que fue emitida en Babilonia en 323 a. C.

LA DERROTA DE DARÍO

Alejandro finalmente venció al rey persa Darío III, en una larga y sangrienta batalla en Gaugamela, en Mesopotamia (suroeste de Asia), en 331 a. C., y Darío huyó. Después de esto, Alejandro se autonombró "Rey de Asia". En este grabado, se puede ver a caballo, peleando intrépidamente.

MURALLA DE FUEGO

En 327 a. C., Alejandro cruzó los montes Himalaya con el propósito de conquistar India. Pero una terrible batalla lo obligó a regresar a Babilonia. Su fa-ma perduró en leyenda. Esta pintura india, hecha casi 1,000 años después de su época, lo muestra construyendo un muro de fuego, como defensa.

LA FAMILIA DE DARÍO

En esta pintura del artista italiano Paolo Veronese (1528-1588), Alejandro aparece aceptando la sumisión de la familia de su enemigo vencido, Darío. Llama la atención que el artista vistió a todo mundo con trajes del siglo XVI.

¿Sabías que…?

La Puerta del León, en Micenas, erigida en el siglo XIII a. C.

Los micénicos construían murallas de piedra tan gigantescas alrededor de sus ciudadelas, algunas de 46 pies (14 m) de ancho, que civilizaciones posteriores creían que eran la obra de unos gigantes.

Las proporciones características y la típica postura con un pie adelante de los *kuroi* (estatuas masculinas desnudas) fueron tomadas de las antiguas figuras egipcias. De tamaño monumental, eran idealizadas más que naturalistas.

Los esclavos eran muy importantes para la economía de Grecia. Algunos tenían vida dura, pero muchos eran tratados con respeto y recibían educación. Los hechos prisioneros por los romanos, después de su conquista, eran cotizados y a veces eran maestros y médicos.

Los teatros griegos eran muy sofisticados en cuanto a visibilidad y amplificación del sonido. Sin embargo, tenían que construirse en laderas naturales, pues los griegos no tenían habilidades de ingeniería como para soportar la altura y el peso necesarios de los edificios en terreno plano.

Arquímedes, el legendario matemático y científico, fue asesinado por los romanos en 212 a. C., durante su conquista de los territorios griegos. Esta conquista se completó cerca de 146 a. C.

Se creía que Pan, el dios griego del campo, los pastores y los bosques, tenía una voz aterradora que podía paralizar de miedo a los animales, detener el avance de ejércitos y derribar muros. El nombre del dios es la raíz de la palabra *pánico*.

Las columnas del Partenón, al parecer verticales y ahusadas, en realidad se inclinan hacia dentro y se comban en el centro. Esto es para compensar los efectos de la perspectiva, que visualmente distorsiona las líneas rectas y la alineación precisa. Por la misma razón, el friso del Partenón está esculpido en relieve más profundo hacia arriba, y la base del edificio y los escalones son imperceptiblemente más altos en medio que en la orilla.

En la construcción de los templos griegos no se usó mortero: los bloques de piedra se encajaban unos con otros y se sujetaban con abrazaderas y clavijas de metal.

Los antiguos griegos establecieron una tradición de hacer y decorar cerámica que duró más de 1,000 años. Ciertamente, algunos de los objetos que produjeron nos podrían parecer muy raros: copas y botellas, por ejemplo, que no se podían parar en una superficie plana pues tenían bases curvas o en punta. Pero muchos otros, como unas sencillas jarras redondas y vasijas para almacenar, son casi exactamente iguales a las que hay en una cocina del siglo XXI.

El color era muy importante para los griegos, en especial en el periodo helenístico (323 -c 30 d. C.). Muchas de las estatuas de mármol blanco, que asociamos con esa época, alguna vez estuvieron pintadas.

Al cumplir 12 años de edad, Alejandro Magno recibió su caballo Bucéfalo. Ningún adulto podía controlar al animal, pero Alejandro descubrió que el caballo se asustaba de su propia sombra. Él lo calmó volteándole la cabeza hacia el sol.

El dios griego Pan tocando una lira

Los soldados macedonios crearon una línea de batalla llamada falange, en la cual se amontonaban formando una masa compacta con sus escudos. Esta poderosa unidad podía entonces empujar y abrirse camino a través de las filas enemigas.

Los griegos inventaron la pintura con mosaicos en el siglo V a. C. Usaban la nueva técnica para decorar sus pisos con elaboradas escenas mitológicas. Los primeros mosaicos se hacían con piedritas pintadas, pero luego éstas fueron reemplazadas por cubos, cortados en forma especial, de vidrio, piedra o mármol, llamados *tesserae*, que producían detalles más finos y una gama de colores más amplia.

Alejandro y su caballo

PREGUNTAS Y RESPUESTAS

P **¿Qué pasaba cuando los antiguos griegos consultaban el Oráculo de Apolo en Delfos?**

R Aquellos que querían consejo del Oráculo necesitaban pagar una suma y sacrificar un animal en el altar. Un sacerdote le hacía la pregunta del interesado a una sacerdotisa, cuya respuesta, como en trance, podía tomar la forma de acertijos. Después estos acertijos eran interpretados por un sacerdote de una manera que no era directa, sino abierta a numerosas interpretaciones.

P **¿Por qué Delfos se consideraba un lugar sagrado?**

R Según la leyenda, el dios Zeus soltó dos águilas desde extremos opuestos de la Tierra. Sus caminos se cruzaron sobre Delfos, lo cual lo ubicó como el centro del mundo y un lugar sagrado. El punto estaba marcado originalmente con un ombligo de piedra, u *omphalos*, del cual se puede ver una copia helenística en el Museo de Delfos. Se creía que el joven dios Apolo vivía en Delfos, razón por la cual, desde fines del siglo VIII a. C., la gente iba allí a pedirle consejo.

Templo de Apolo en Delfos

P **¿De dónde viene el tradicional drama griego?**

R El drama griego se desarrolló en el siglo VI a. C. a partir de las representa-ciones rituales durante los festivales de Dioniso, el dios de la juerga y el vino. Al principio, los participantes bailaban en grupos, a menudo vestidos como anima-les. Más tarde, los coros que cantaban y bailaban eran acompañados por actores que lucían máscaras con ras-gos exagerados, para señalar los papeles que interpretaban, de modo que todo el público los pudiera ver con claridad. Las primeras obras como tales eran tragedias en episodios, a partir de poemas míticos y épicos. Se representaban en series de tres, todas escritas por la misma persona. La comedia apareció en la escena griega hasta cerca de 480 a. C.

P **¿De dónde viene la tradición de la carrera de maratón?**

R En 490 a. C., los griegos hicieron frente a la invasión de Darío de Persia, cuyas naves de guerra atracaron en la bahía de Maratón. A pesar de ser sobrepasados en número, los griegos rodearon a las tropas enemigas y las empujaron de regreso al mar, perdiendo sólo 192 hombres durante la pelea, mientras que murieron 6,000 persas. La noticia de la victoria fue llevada a Atenas, a 26 millas (41 km) de distancia, por un corredor ataviado con su armadura, quien sufrió un colapso y murió inmediatamente después. El maratón moderno tiene sus raíces en este heroico esfuerzo.

P **¿Por qué la arquitectura griega clásica es tan ampliamente admirada?**

R En la antigua Grecia, las construcciones de lujo y las religiosas se diseñaban y levantaban con la intención expresa de incorporar forma y proporción perfec-tas. El grado de éxito alcanzado por sus arquitectos está ilustrado por el hecho de que su estilo clásico ha perdurado, rara vez ha pasado de moda y a menudo ha dominado el gusto estético. Se construyeron soberbios ejemplos en la Francia revolucionaria, la Inglaterra georgiana, los recién formados Estados Unidos y la Atenas del siglo XIX, donde la arquitectura neoclásica dominó por completo los edificios públi-cos (*v.* pág. 69).

Récords

EL PRIMERO DE LOS GRANDES
El rey guerrero griego Alejandro (356-323 a. C.) fue el primer líder en ser ampliamente conocido como "el Grande" (Magno). Durante su corta vida fundó 70 ciudades, algunas de las cuales fueron llamadas Alejandría en su honor.

LOS COMIENZOS DEL APRENDIZAJE
Aristóteles, un alumno de Sócrates, fundó el Liceo en Atenas, donde se enseñaban temas tan diversos como biología y ética. Esta institución convirtió a Atenas en una de las primeras ciudades universitarias en el mundo.

PRIMER TEATRO DE PIEDRA
El primer teatro de piedra que se construyó, y el lugar de nacimiento de la tragedia griega, fue el Teatro de Dioniso, que fue tallado en la cara rocosa al sur de la Acrópolis. Los restos de una versión romana restaurada y rediseñada aún se pueden ver allí en la actualidad.

PRIMEROS RÉCORDS
El primer evento documentado con precisión en la historia griega fue el establecimiento de los Juegos Olímpicos en 776 a. C. Llamados así por el santuario de Olimpia, en la península del Peloponeso, donde se celebraban, los juegos originalmente tenían sólo un evento, carreras cortas de gran velocidad para hombres, y todos los corredores eran locales. Luego se agregaron otras competencias, como lucha, boxeo, salto, lanzamiento de jabalina y equitación, y se abrieron a gente de otras partes de Grecia.

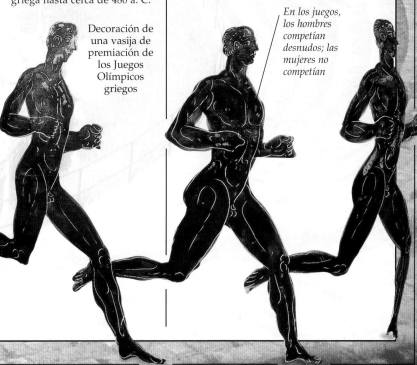

Decoración de una vasija de premiación de los Juegos Olímpicos griegos

En los juegos, los hombres competían desnudos; las mujeres no competían

¿Quién es quién?

NINGUNA OTRA CULTURA ha influido más profundamente en la civilización occidental que la de la antigua Grecia. En unos pocos cientos de años, esa cálida tierra entre los mares Mediterráneo, Egeo y Jónico produjo una inigualable colección de estadistas, escritores y artistas, hombres de ciencia y grandes pensadores, cuyas ideas e innovaciones aún son muy valoradas.

ΠΕΡΙΚΛΗΣ

Estatua de Pericles

ESTADISTAS

SOLÓN
Legislador y magistrado ateniense durante los siglos VII y VI a. C., cuyas reformas legales, económicas y políticas representaron el nacimiento de la democracia.

TEMÍSTOCLES
Líder de Atenas y creador de la poderosa flota que venció a los persas en la batalla de Salamina, en 480 a. C.

PERICLES
Poderoso general y gran líder democrático de Atenas en el siglo V a. C. Culto e incorruptible, Pericles dirigió un extenso programa de edificios públicos que incluía la Acrópolis.

ALEJANDRO MAGNO
Hijo de Filipo II de Macedonia, nacido en 356 a. C. y educado por Aristóteles, Alejandro expandió el imperio griego a Persia, Asia Menor, Egipto, Afganistán e India, antes de morir a la edad de 33 años.

Retrato en relieve del siglo XVIII de Alejandro Magno

ESCRITORES Y ARTISTAS

FIDIAS
El artista más famoso del mundo antiguo (murió alrededor de 432 a. C.), fue reconocido en su época por dos gigantescas estatuas, una de Atenea y otra de Zeus, que aún existen. Hoy en día, Fidias es más conocido por las esculturas del Partenón, las cuales diseñó y supervisó.

ESQUILO
Uno de los tres dramaturgos (con Eurípides y Sófocles) que dominaron el drama ateniense en el siglo V a. C. Soldado que peleó en Maratón, Esquilo produjo cerca de 90 obras, incluidas *Prometeo encadenado* y la *Orestíada*.

EURÍPIDES
Dramaturgo ateniense (ar.) quien creó tragedias épicas en el siglo V a. C., con temas de traición, asesinato e injusticia. Han perdurado ejemplos de su obras, incluidas *Medea* y *Alcestes*.

SÓFOCLES
Poeta y dramaturgo ateniense del siglo V a. C. (ar.), conocido por relatos de moralidad como *Áyax* y *Antígona*.

SAFO
Poetisa lírica, quien dirigió a un grupo de escritoras, en la isla egea de Lesbos, en el siglo VII a. C. Safo escribió principalmente sobre la familia y las amistades femeninas.

MIRÓN
Escultor ateniense del siglo V a. C. Con muchos de sus trabajos perdidos, Mirón es más conocido actualmente por su estatua de bronce *El lanzador de disco*, la cual ha perdurado sólo en copias romanas.

El lanzador de disco (también conocido como *Discóbolo*)

Esta copia romana está hecha de mármol

PENSADORES

PITÁGORAS
Filósofo y matemático del siglo VI a. C., quien creía que los secretos de la vida estaban en las matemáticas.

HERODOTO
Historiador del siglo V a. C. , conocido como el padre de la historia, quien produjo las primeras narraciones en prosa de los sucesos del momento, como la guerra contra los persas.

TUCÍDIDES
Otro historiador del siglo V a. C., documentó la guerra del Peloponeso entreAtenas y Esparta con un enfoque muy analítico.

SÓCRATES
Renombrado pensador del siglo V a. C., no produjo obras escritas, pero, en cambio, exploró ideas a través de la discusión. Sus pláticas, documentadas por su discípulo Platón, se conocen como "diálogos".

PLATÓN
Discípulo de Sócrates que registró el trabajo de su maestro y estableció una Academia en Atenas. Platón también creía en los diálogos, y produjo dos tratados muy conocidos, *La República* y *Las leyes*. Además fue uno de los más grandes prosistas griegos.

ARISTÓTELES
Discípulo de Platón y fundador del Liceo, en el siglo IV a. C., Aristóteles tenía un notable don para la observación científica, y uno de sus legados más valioso es un tratado sobre ética.

EPICURO
Filósofo griego que vivió durante los siglos IV y III a. C. El pensaba que la verdadera felicidad humana es el mayor bien, y alentaba su búsqueda responsable. Autor de una serie de 37 tratados llamados *Sobre la naturaleza*, fundó la escuela epicúrea de filosofía.

Sócrates

CIENTÍFICOS

Hipócrates

ANAXÁGORAS
Astrónomo del siglo V a. C., quien descubrió que la Luna reflejaba la luz del Sol.

HIPÓCRATES
Fundador de la medicina moderna en los siglos V y IV a. C., Hipócrates la practicó de acuerdo con el estricto criterio ético al que aún se apegan los médicos de hoy en día, a través del Juramento Hipocrático. También descubrió los efectos calmantes de la corteza de sauce, de la cual los científicos modernos extrajeron la aspirina.

ARISTARCO
Astrónomo del siglo III a. C., quien creía que la Tierra giraba alrededor del Sol y que rotaba sobre su propio eje.

ASCLEPÍADES
Médico del siglo I a. C., quien era erudito en medicina y compasivo en su trato con los pacientes. Al igual que algunos especialistas modernos, abogaba por los tratamientos holísticos, no invasivos. Sus métodos incluían cosas como vino, masajes y baños.

CLASICISTAS MODERNOS

SIR WILLIAM HAMILTON
Diplomático inglés de principios del siglo XIX y experto en arte griego. Su colección de vasos fue adquirida por el Museo Británico.

HEINRICH SCHLIEMANN
Arqueólogo aficionado alemán quien, en 1870, descubrió el sitio de la antigua Troya, cerca de las costas turcas. Este hallazgo aportó una base real para los relatos épicos de Homero sobre la guerra de Troya.

PIERRE DE COUBERTIN
Aristócrata francés que, inspirado por los Juegos Olímpicos originales, lanzó los juegos modernos en Atenas, en 1896.

SIR ARTHUR EVANS
Arqueólogo inglés cuyas exploraciones en Knosos (Creta), durante la década de 1890, proporcionaron pruebas de que la civilización minoica no sólo era una leyenda, sino una realidad histórica.

El palacio en Knosos

Descubre más

Lᴀ ɪɴꜰʟᴜᴇɴᴄɪᴀ ᴅᴇ ʟᴀ ᴀɴᴛɪɢᴜᴀ ɢʀᴇᴄɪᴀ se ha expandido a casi todos los países occidentales, y la mayor parte de los principales museos tiene una sección dedicada al arte y las antigüedades griegos. Sin embargo, quizá lo más conocido de esa cultura y su más poderoso símbolo es el fortificado complejo de la ciudadela de la Acrópolis, en Atenas, con su centro sagrado, el Partenón.

Creado como un templo a Atenea, la diosa patrona de Atenas, el Partenón era completamente simétrico. Estaba construido en piedra y mármol blanco de las canteras locales, un medio ideal para los detallados paneles en relieve en el friso y el pórtico. En su larga historia, el Partenón ha sido una iglesia, una mezquita y hasta un arsenal, pero hoy en día sus ruinas son una popular atracción turística y un lugar de peregrinación para quienquiera que sienta fascinación por el mundo clásico.

EL PARTENÓN
Terminado a mediados del siglo ᴠ a. C., el Partenón fue diseñado por los arquitectos Calícrates e Ictinos para albergar una monumental estatua de Atenea, de 40 pies (12 m) de alto, esculpida por Fidias. Cuando el templo estaba nuevo, las tallas sobre la hilera exterior de columnas estaban pintadas de azul, rojo y dorado.

Un hábil tallado da una impresión de gran profundidad

EL FRISO DEL PARTENÓN
El friso tallado que corre alrededor del muro interior del Partenón fue diseñado por Fidias, el artista responsable de todo el tallado y las esculturas en el templo. Los segmentos individuales del friso se llaman *metopes*; juntos retratan una procesión de adoradores participando en el festival Panatenaico, que se celebraba cada cuatro años para festejar el nacimiento de Atenea. Esta sección se exhibe en el Museo Británico.

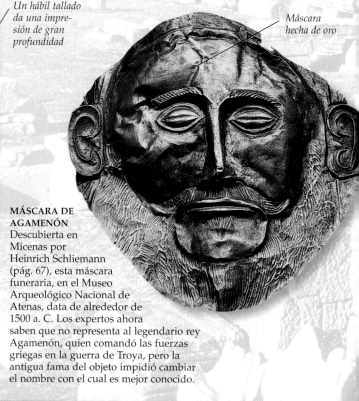

Máscara hecha de oro

MÁSCARA DE AGAMENÓN
Descubierta en Micenas por Heinrich Schliemann (pág. 67), esta máscara funeraria, en el Museo Arqueológico Nacional de Atenas, data de alrededor de 1500 a. C. Los expertos ahora saben que no representa al legendario rey Agamenón, quien comandó las fuerzas griegas en la guerra de Troya, pero la antigua fama del objeto impidió cambiar el nombre con el cual es mejor conocido.

- Extenso sitio de información general:
  www.ancientgreece.com
- Sitio oficial del Ministerio de Cultura griego, con listas de sitios arqueológicos, monumentos y exposiciones relevantes:
  www.culture.gr
- Sitio general de la antigua Grecia con enlaces individuales a áreas de interés específicas:
  www.crystalinks.com/greece.html
- Explora la colección de arte griego del Museo de Arte Metropolitano por medio de un guía visual, una cronología y un mapa que muestra donde originó cada pieza:
  www.metmuseum.org/explore/Greek/Greek1.htm
- Sitio de información general, especial para niños:
  www.historyforkids.org

Los cosechadores golpean las ramas con unas varas para que las aceitunas caigan al suelo

EL TEATRO GRIEGO
Este dibujo del personaje de Creonte, de la obra de Sófocles, *Antígona,* proviene de un número de la revista francesa *Le Theatre* de 1899. El estudio de la tradición teatral es una manera de aprender acerca de la cultura clásica griega.

JARRA PINTADA
Las vasijas con dos asas y cuellos estrechos se llaman *amphoras,* y están diseñadas para almacenar líquido (aceite, vino o agua) o alimentos conservados en líquido. La detallada escena de la recolección de aceitunas pintada en este ejemplar del Museo Británico sugiere que estaba destinado a aceitunas o aceite de oliva.

Lugares para visitar

LA ACRÓPOLIS, ATENAS, GRECIA
Aunque el acceso a los templos está limitado para protegerlos de más daño, la Acrópolis aún ofrece una colección única de sitios antiguos y exhibiciones, que incluye:
- el Partenón
- el Propileo y la Puerta de Beule, las históricas entradas al complejo
- el Teatro de Dioniso, lugar de nacimiento de la tragedia griega, construido entre 342 y 326 a. C.
- el Museo de la Acrópolis, que exhibe abundantes tesoros del sitio, incluyendo estatuas y detalles arquitectónicos como las cariátides, frontones y segmentos del friso del Partenón.

LA ANTIGUA DELFOS, GRECIA
Excavado por primera vez a fines del siglo XIX, este sitio abarca:
- el Santuario de Apolo
- la fuente de Castalia, donde los visitantes están obligados a bañarse
- el Museo de Delfos, cuya colección es la segunda en importancia después de la que está en la Acrópolis.

MUSEO ARQUEOLÓGICO NACIONAL, ATENAS, GRECIA
Instalado en un edificio del siglo XIX que ha sido ampliado y mejorado constantemente, tiene una de las colecciones más importantes del mundo. Entre sus tesoros están:
- la máscara de oro de Agamenón, de alrededor de 1500 a. C., encontrada en Micenas
- magníficos ejemplos de escultura clásica, entre ellos el Muchacho de Maratón, que data de 340 a. C., aproximadamente.

MUSEO BRITÁNICO, LONDRES, INGLATERRA
Se exhibe una de las mejores colecciones de antigüedades griegas del mundo. Busca:
- los mármoles del Partenón (también conocidos como los mármoles de Elgin), esculturas y partes del friso llevadas a Inglaterra por lord Elgin a principios del siglo XIX
- una enorme estatua proveniente del Mausoleo en Halicarnaso, una de las Siete Maravillas del mundo antiguo.

MUSEO DE ARTE METROPOLITANO, NUEVA YORK, EE. UU.
Con una área especial que se extiende de lado a lado en su planta baja, las galerías griega y romana del museo muestran:
- una vasta colección de vasos griegos antiguos
- importantes ejemplos de pintura y escultura que explican la clásica maestría del naturalismo en el arte.

MUSEO HERMITAGE, MOSCÚ, RUSIA
El departamento de la Grecia antigua del Hermitage, que abarca el periodo desde 2000 a. C. al siglo IV d. C., es particularmente rico en cerámica, e incluye:
- una extraordinaria exhibición de vasos con figuras negras, entre ellos una *hydria* adornada con una escena de Heracles y Tritón
- una notable colección de vasos con figuras rojas de importantes ceramistas del periodo.

MUSEO ARQUEOLÓGICO NACIONAL, EN ATENAS
Abierto en 1891, este museo exhibe un gran número de piezas de arte griegas que anteriormente habían estado guardadas por toda la ciudad. Diseñado en el estilo neoclásico que se remonta a la época dorada de Grecia, la entrada al edificio está dominada por columnas jónicas y corintias.

EL MUCHACHO DE MARATÓN
Hallado en el fondo del mar, como muchos otros bronces griegos, este gracioso desnudo (en el Museo Arqueológico Nacional, en Atenas) se cree que es obra del escultor Praxiteles, que estaba activo en el siglo IV a. C.

Glosario

ÁBACO Armazón para contar hecha de pequeñas cuentas ensartadas en alambres.

ACANTO Planta con gruesas hojas festoneadas, que a menudo adornan el arte y la arquitectura griegos. El capitel sobre una columna corintia está cubierto con hojas de acanto. (*v. también* CAPITEL, CORINTIO)

Capitel con acantos

ÁGORA Mercado abierto o espacio público en la antigua Grecia. Nuestro moderno término *agorafobia*, que significa miedo a los lugares públicos, viene de esta palabra.

AMPHORA Jarra con dos asas y un cuello estrecho y, a veces, con una base ahusada, diseñada para vino, aceite u otro líquido.

ANDRON Comedor doméstico donde los hombres se divertían con sus amigos.

ARYBALLOS Perfumero, por lo general de cerámica. Estas vasijas a menudo tenían la forma de una criatura fantástica o un animal de verdad, como un mono o un puerco espín.

Columnata

ASAMBLEA Reunión de gente y funcionarios que controlaban la vida pública en la antigua Atenas. Tenía que haber, al menos, 6,000 presentes para formar una asamblea, la cual decidía sobre importantes materias de ley y Estado. (*v. también* CONSEJO)

ATLANTES Estatuas de figuras masculinas usadas como una columna en la arquitectura clásica. (*v. también* CARIÁTIDE, COLUMNA)

CAPITEL Parte superior de una columna arquitectónica. (*v. también* COLUMNA, CORINTIO, DÓRICO, JÓNICO, ORDEN)

CARIÁTIDE Estatua de figura femenina usada como columna de apoyo en la arquitectura clásica. (*v. también* COLUMNA, ATLANTES)

CHITON Artículo de vestir básico para hombres y mujeres en la antigua Grecia. Estaba hecho de dos rectángulos de tela unidos en los hombros y en los lados, y recogido en la cintura. (*v. también* PEPLOS)

CIUDAD ESTADO Ciudad convencional que, con su territorio circundante, es además un estado político independiente.

COLUMNA Estructura delgada y vertical usada en arquitectura para soportar un arco, un techo, un piso alto o la parte superior de un muro. La mayoría de las columnas se compone de base, fuste (la parte principal) y capitel (la sección decorativa de arriba). (*v. también* ORDEN, CAPITEL)

COLUMNATA Fila de columnas que soportan una hilera de arcos, un techo, un piso alto o la parte superior de un muro.

CONSEJO Cuerpo legislativo de 500 miembros que arreglaban los asuntos de la Asamblea. (*v. también* ASAMBLEA)

CORAZA Armadura, en general de bronce, usada por los soldados griegos para protegerse la espalda y el pecho.

CORINTIO Uno de los tres principales estilos (u órdenes) en la arquitectura clásica. Las columnas corintias están entre las de los órdenes dórico y jónico en cuanto a diámetro y ancho de acanaladuras, y tienen elaborados capiteles acampanados, adornados con hojas de acanto. (*v. también* ACANTO, DÓRICO, JÓNICO, ORDEN)

DEMOCRACIA Sistema de gobierno en el cual los gobernados tenían voz, a menudo a través de representantes electos.

DÓRICO Uno de los tres estilos (u órdenes) principales en la arquitectura clásica. Las columnas dóricas son sólidas, con acanaladuras anchas y un capitel redondo y sencillo. (*v. también* CORINTIO, JÓNICO, ORDEN)

ELECTRO Aleación de oro y plata que se usó para hacer las primeras monedas griegas. Más tarde eran de plata pura o, a veces, de oro.

EPINETRON Instrumento semicilíndrico usado por la mujeres griegas para preparar la lana para hilar. A menudo muy decorado, el *epinetron* se ajustaba sobre una rodilla.

En la pintura al fresco, los pigmentos se absorben en el yeso húmedo para fijar sus colores

Fresco del siglo XIV, preparado de manera similar a los de la antigua Grecia

ESCLAVO Hombre, mujer o niño que era comprado por otra persona, igual que un producto, por lo general para trabajar en algo específico.

FRESCO Pintura mural aplicada sobre yeso húmedo. Los frescos fueron populares en muchos países cálidos hasta la Edad Media. (*v. también* MURAL)

FRISO Faja decorada en relieve que corre a lo largo de la parte superior de un muro.

FRONTÓN Remate triangular en un edificio; motivo arquitectónico decorativo, también triangular, ubicado sobre una puerta.

GALERA Antigua nave de guerra griega o romana impulsada por una o más filas de remeros.

Grifo

GINECEO Conjunto de aposentos femeninos en el hogar griego, con telares para tejer, juguetes infantiles y muebles.

GRAMMATISTES Maestro de temas básicos como lectura, escritura y matemáticas. (*v. también* KITHARISTES, PAIDOTRIBES)

GREBAS Protectores de bronce para las piernas usados por los soldados griegos para cubrirse en batalla.

GRIFO Criatura mítica con cabeza y alas de águila y cuerpo de león.

GYMNASIUM Cuarto grande o edificio usado para ejercicio físico y entrenamiento.

HETAIRAI Grupo de graciosas y bellas mujeres cuya principal función era tocar música, bailar y entretener a los hombres en las fiestas.

HIMATION Capa usada por los antiguos griegos. Tradicionalmente, esta prenda se ponía tirante bajo el brazo derecho y drapeada sobre el hombro izquierdo.

HIPOCAMPO Mítico caballo de mar con dos patas delanteras y cola de pez o delfín.

HOPLITA Soldado griego completamente armado, de *hoplon*, que significa "escudo".

JÓNICO Uno de los tres principales estilos (u órdenes) en la arquitectura clásica. Las columnas jónicas son delgadas, con acanaladuras angostas y un capitel con volutas. (*v. también* CORINTIO, DÓRICO, ORDEN, VOLUTA)

KITHARISTES Maestro de música. Una *kithara* (cítara) es un instrumento muy parecido a una lira, sólo que más grande. (*v. también* GRAMMATISTES, PAIDOTRIBES)

KOUROS Estatua de mármol de un joven desnudo, por lo general destinada a decorar un templo.

KYLIX Copa para beber poco profunda, con un pie y dos asas.

LABERINTO Intrincada y confusa red de pasajes formada por muros o setos.

LIRA Instrumento de cuerda griego con un cuerpo cóncavo, que originalmente se hacía con una concha de tortuga.

MURAL Pintura mural sobre yeso seco. (*v. también* FRESCO)

ORÁCULO Lugar sagrado donde los griegos consultaban a sus dioses, a través de una sacerdotisa, para que les aconsejaran o les predijeran el futuro. El oráculo más famoso era el de Apolo, en Delfos.

ORDEN Uno de los estilos de la arquitectura clásica definido según forma y proporción.

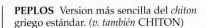
Lira primitiva con cuerpo de concha de tortuga

Los tres más conocidos son el dórico, el jónico y el corintio (pág. 27). (*v. también* CORINTIO, DÓRICO, JÓNICO)

ORQUESTA Área plana circular en un teatro griego, donde se presentaban los actores y el coro.

OSTRAKON Fragmento de piedra o cerámica inscrito con letras o con dibujos.

PAIDOGOGOS Esclavos domésticos con la particular responsabilidad de acompañar a los niños griegos a la escuela.

PAIDOTRIBES Maestro de ejercicio físico como atletismo o lucha. (*v. también* GRAMMATISTES, KITHARISTES)

PALAISTRA Edificio expresamente diseñado, más pequeño que un *gymnasium*, con vestidores y un patio con arena donde los niños griegos aprendían atletismo y lucha.

El yelmo protege las mejillas, la nariz y la frente

Coraza

Grebas

Hoplita

PEPLOS Version más sencilla del *chiton* griego estándar. (*v. también* CHITON)

PYXIS Pequeño estuche en el que las mujeres griegas guardaban cosméticos y peines.

STOA Larga estructura con columnas, con un muro en un costado, donde la gente se reunía para platicar y hacer negocio.

STRATEGOI Uno de los diez comandantes militares electos, responsables de tomar decisiones sobre la defensa de la antigua Atenas o concernientes a su desempeño en una guerra.

Esta estructura se construyó alrededor de 200 a. C.

Stoa en ruinas en la isla de Lindos

SYMPOSIA Fiestas para hombres, privadas, que se celebraban en casas particulares; cuando había muchos invitados, se usaban edificios públicos. (*v. también* ANDRÓN)

THOLOS Edificio redondo en el que se reunían los miembros del Consejo gobernante. (*v. también* CONSEJO)

TIRANO Gobernante absoluto de una ciudad estado, quien, por lo general, tomaba el poder por la fuerza.

TRIRREME Veloz nave de guerra de 170 remeros ubicados en tres niveles, en ambos lados del casco.

VOLUTA Diseño en espiral usado en los capiteles jónicos y en vasijas de cerámica. (*v. también* CAPITEL, COLUMNA, JÓNICO)

Índice

Reconocimientos

Dorling Kindersley agradece a: Al departamento de antigüedades griegas y romanas del Museo Británico por proporcionar los artefactos antiguos para ser fotografiados. Patsy Vanags del British Museum Education Service por su ayuda con el texto. Bill Gordon por su magnífica maqueta de una hacienda griega de las págs. 28-29. Alan Meek por la armadura y las armas de las págs. 54-55. Helena Spiteri, Andrew Chiakli y Toby Williams por modelar la vestimenta y la armadura. Anita Burger por los peinados y el maquillaje.
Gin Van Noorden y Helena Spiteri por su ayuda editorial. Earl Neish y Manisha Patel por su ayuda en el diseño. Jane Parker por el índice.

Créditos fotográficos ar. = arriba; ab. = abajo; c. = centro; i. = izquierda; d. = derecha

Allsport: Gray Mortimore 45c.i.; Vandystadt 45c.
AKG Londres: 66c.d.ar.; Erich Lessing 64ar.i.
ARF/TAP: 67ab.d., 68c., 68c.d.ab., 69ab.c.
American School of Classical Studies, Atenas: 32ar.i.ab.
Ancient Art & Architecture Collection: 12ar.d., 44ar.i., 56c.i., 63c.d.
Ashmolean Museum, Oxford: 9ar.i.
Bildarchiv Preussicher Kulturbestitz (Antikenmuseum Berlin) 33ar.d.
Bridgeman Art Library: 13ar.i. De Morgan: National Archaeological Museum 35c.d. Museo Británico: 65ar.d., 65ab.d., 67ar.d., 68c.i.ab., 69c.i.ab.
York: National Archaeological Museum 35c.d. Foundation 18ab.d. Palace of Westminster 20ar.i. House of Masks, Delos 30ar.i. Private Collection 42ab. Private Collection 46c. Staatliche Antikensammlungen, Munchen 47ab.

Vatican Museums 50c.d.
Museum Nationale, Atenas 56c.ab.
National Gallery, Londres 58ab.d.
Fine Art Society 60ar.i., 61ar.i.
Trustees of the British Museum: 16ar.d., 16ab.i., 16ab.d., 17c., 17ab.c., 17ab.d., 18ar.d., 19c., 19ab., 20ab.i., 40ar.i., 47ar.d., 47ab.d., 48ab.c., 48ab.d.
Dr. John Coates: 55c.ab.
Photo DAI Athen: 12c. (neg. Mykonos 70).
Ekdotike Athenon: 52ab.i.
CAP: 67-68
ET Archive: 62c.d.
Mary Evans Picture Library: 18ar.i., 26c.i., 31c.i., 35c.d., 38ar.d., 39ar.i., 44ab.i., 46ar.d., 46ab.d., 47c., 47ab.c., 54c., 56ar.i., 56c., 56ab.i., 58ar.i., 58c., 58c.d., 59, 63c.ab., 64ab.d., 64ab.ar., 69ar.tc.
Sonia Halliday: 8ar.i., 11ar.c., 11ar.d., 12ab.i., 20ar.d., 25ar.i., 25ar.d., 25c., 33c., 44c.d.
Robert Harding Picture Library: /G. White 16c., 38c., 49ab.d., 52ab.c., 53c.i., 59ab.i.
Michael Holford: 6ar.d., 7ar.d., 9ab.i., 16ar.i., 20ab.d., 21c.
Hulton Picture Co.: 45ab. Image Bank: 51c., 52ar.i., 53ab.d., 59ab.c.

Kobal Collection: 63c.
Mansell Collection: 11ar.i., 12ar.i., 12ar.c., 62ar.i.
The National Gallery, Londres: 9c.d.
SPADEM: 12ab.d., 21ar.d., 22ar.d., 23ab.i., 63ab.
Anne Pearson: 24ab.d.
Photostage /c Donald Cooper: 39ar.c.
Royal Ontario Museum: 17ar.i.
Scala: 8ab. Heraklion Museum: 11ab.c., 20c.i.
Museo Nationale, Athens: 24ab.i.
Delphi Museum: 26ab., 35ar.i.
The Vatican Museums: 36ar.i., 38ab., 41ab.; 44c.i.
MNA: 58c.i. Museo del Terme.
Zefa: Konrad Helbig 17ar.c.; K. Scholz 19ar.d.
Damm 25c.i. Konrad Helbig 26ar.i. Starfoto 50ar.i., 62c.

Créditos de la portada
Portada: Corbis: ab. Museo Británico: ar.
Contraportada: Museo Británico.
Ilustraciones de John Woodcock y John Hutchinson. **Mapas de** Sallie Alane Reason
Otras ilustraciones © Dorling Kindersley
Más información en: **www.dkimages.com**